EVALUATION OF SCIENTIFIC AND TECHNOLOGICAL ACHIEVEMENTS

科技成果评价

陈玉涛　主编

全国工业和信息化科技成果转化联盟
中关村中企慧联先进制造产业技术联盟　编著

图书在版编目（CIP）数据

科技成果评价/陈玉涛主编；全国工业和信息化科技成果转化联盟，中关村中企慧联先进制造产业技术联盟编著. --北京：企业管理出版社，2018.12

ISBN 978-7-5164-1776-8

Ⅰ.①科… Ⅱ.①陈… ②全… ③中… Ⅲ.①科技成果-评价 Ⅳ.①G311

中国版本图书馆 CIP 数据核字（2018）第 206410 号

书　　名：科技成果评价
作　　者：陈玉涛
选题策划：周灵均
责任编辑：周灵均
书　　号：ISBN 978-7-5164-1776-8
出版发行：企业管理出版社
地　　址：北京市海淀区紫竹院南路 17 号　　**邮编**：100048
网　　址：http：//www.emph.cn
电　　话：编辑部（010）68456991　发行部（010）68701073
电子信箱：emph003@sina.cn
印　　刷：河北宝昌佳彩印刷有限公司
经　　销：新华书店
规　　格：170 毫米 ×240 毫米　　16 开本　　11.5 印张　　138 千字
版　　次：2018 年 12 月第 1 版　　2018 年 12 月第 1 次印刷
定　　价：58.00 元

编委会

主　编： 陈玉涛

副主编： 杨秀丽

编　委： （排名不分先后）

马小纲　张　健　刘晓彤

甄敏娜　李桂芳　任丽丽

高　媛　于广昌　支　蕊

前 言

当前，科技创新已成为提高社会生产力、提升国际竞争力、增强综合国力、保障国家安全的重要战略支撑。科技成果评价与转化作为科技创新的重要组成部分，正越来越受到大家的重视。促进科技成果转化对于推进供给侧结构性改革、支撑经济转型升级和产业结构调整，促进大众创业、万众创新，打造经济发展新引擎具有重要意义。党中央、国务院通过系统性部署、全链条设计，推行一系列重大决策，贯彻落实《中华人民共和国促进科技成果转化法》，加快推动科技成果转化，带动产业结构调整。

在科技成果转化过程中，企业占据主体地位，在发挥市场配置科技创新资源中起决定性作用。于企业而言，科技创新能力是企业的发展能力、应变能力和竞争能力的核心，是企业综合实力的支撑。企业进行科技成果评价，在申报国家项目、融资贷款便利、获取政府支持、行业公众认可和经营管理价值佐证等方面均有重大意义。

为了宣贯科技成果评价、推动科技成果转化为现实生产力，全国工业和信息化科技成果转化联盟编著《科技成果评价》一书，旨在通过对科技成果评价的历史沿革、评价内容、意义、现状及趋势进行系统性介绍，对科技成果转化政策、科技成果情况进行详细分析，结合生动细致的企业科技成果评价案例，让更多企业了解科技成果评价，为企业的科技成果提供转化思路，推动企业更好地实现科技成果转化，从而提升我国科技创新能力。

全国工业和信息化科技成果转化联盟

2018年11月

目　录

第一章

科技成果

科 技 成 果 评 价

第一节　科技成果的定义

科技成果是科学技术成果的简称，是“对科学研究课题通过调查考察、实验研究、设计试验和辩证思维等活动，所取得的具有一定学术意义或实用价值的创造性成果”的统称。2015 年 8 月修订的《中华人民共和国促进科技成果转化法》中明确指出，科技成果是“通过科学研究与技术开发所产生的具有实用价值的成果”。

科技成果的界定最早可以追溯到 1961 年 4 月 22 日国务院全体会议（第 110 次会议）通过并发布试行的《新产品、新工艺技术鉴定暂行办法》，从中可以看出当时计划经济体制下的科技成果主要是指技术上成熟、经济上合理的新产品、新工艺。[①]

1978 年 11 月原国家科委颁布的《科学技术研究成果的管理办法》中把科学技术研究成果分为三类：①科学成果，即自然科学方面的具有创造性的理论研究成果；②技术成果，指使生产多、快、好、省的新技术、新工艺、新产品、新方法；③重大科学技术研究项目的阶段成果。这是首次对科技成果进行分类。

1987 年原国家科委颁布的《中华人民共和国国家科学技术委员会科学技术成果鉴定办法》（以下简称《科学技术成果鉴定办法》）将被鉴定的科技成果拓宽为科学理论成果、应用技术成果以及软科学研究成果[②]。虽然《科学技术成果鉴定办法》已于 2016 年 6 月被正式废止，但是这种科技成果划分办法至今仍被沿用。

---

① 吕志英. 科技成果的界定及知识产权保护［J］. 南京林业大学学报：人文社会科学版，2007，(4).

② 软科学研究成果是指为决策科学化和管理现代化而进行的有关发展战略、政策、规划、评价、预测、科技立法以及管理科学与政策科学的研究成果。

第二节 科技成果的基本特征

科技成果一般需要具备以下四个方面的基本特征（见图1-1）：

（1）新颖性与先进性。新科技成果必须具备新颖性和先进性，对于没有新的创见、新的技术特点或与已有的同类科技成果相比较不具先进性的，不能作为新科技成果。

（2）实用性与重复性。实用性包括符合科学规律、具有实施条件、满足社会需要，重复性是指可以被他人重复使用或进行验证。

（3）应具有独立、完整的内容和存在形式，如新产品、新工艺、新材料以及科技报告等。

（4）应通过一定形式予以确认，比如通过专利审查、专家鉴定、检测、评估或者市场以及其他形式的社会确认。

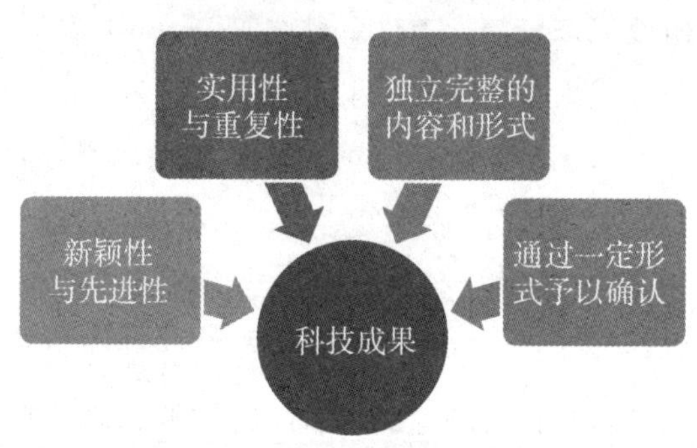

图1-1 科技成果的基本特征

信息来源：公开资料，联盟整理。

第三节　科技成果的分类

一、四大类科技成果

科技成果整体上可以分为理论研究成果、应用研究成果、软科学研究成果、计算机软件四大类，如表1－1所示。

表1－1　四大类科技成果

分类	划分标准	主要内容
理论研究成果	是指发现并阐明自然现象、特征、规律及其内在联系的自然科学基础理论和应用基础理论研究的成果	包括基础理论研究和应用理论研究的成果
应用研究成果	是指可用于生产或指导生产的科技成果，包括可以独立应用的阶段性研究成果和引进技术、设备的消化、吸收创新成果	包括新产品、新技术、新工艺、新设计、新设备、新材料、生物和矿产新品种、新资源，以及引进技术经消化、吸收、创新后取得的新成果
软科学研究成果	是指为决策科学和管理现代化而进行的有关发展战略、政策、规划、评价、预测、科技立法以及管理科学与政策科学的研究成果，具有一定的创造性，并对工作有一定指导意义	包括发展研究、决策科学、管理科学、科技情报、计量标准等
计算机软件	指除计算机硬件以外的所有应用系统研究成果	包括算法语言、数据库、系统程序（操作系统）、应用程序、网络接口、传输软件等

信息来源：公开资料，联盟整理。

二、国家级科技成果

根据2003年6月科技部发布的《关于加强国家科技计划成果管理的暂行规定》，国家级科技成果是指由科技部归口管理并由中央财政支持的科技计划项目和课题在实施中所取得的重要进展和验收成果（含新技术、新产品、新工艺、新材料、新设计、新装置、计算机软件和生物、矿产新品种以及专利、论文和专著等）。

其中，对国家安全、国家利益和社会公共利益有重大影响，技术上有重大创新、在国际上处于领先水平，或有重大推广应用价值、产业化前景及经济效益显著的属于重大成果。

第二章

科技成果鉴定

科 技 成 果 评 价

第一节　科技成果鉴定的提出

我国的科技成果鉴定制度始于20世纪50年代。在“大跃进”时期，“科技成果”迅猛增长、良莠不齐，因而急需建立一套有效的评判标准和方法来辨别“科技成果”的真伪。在这样的背景下，原国家科委开始了科技成果的鉴定工作，并在1959年初步形成了工作程序。1961年4月国务院通过了《新产品、新工艺技术鉴定暂行办法》。

科技成果鉴定是我国在计划经济体制下特有的产物。国际上通行的对科技成果的鉴定主要有三种方式：

一是获得专利的情况；

二是论文的刊登及其被引用，特别是一些著名的具有权威性的专业刊物；

三是成果所产生的效益。

原国家科委于1994年10月26日发布的《科学技术成果鉴定办法》中还明确指出，“科技成果鉴定是评价科技成果质量和水平的方法之一，国家鼓励科技成果通过市场竞争，以及学术上的百家争鸣等多种方式得到评价和认可”。同时规定“列入国家和省、自治区、直辖市以及国务院有关部门科技计划内的应用技术成果，以及少数科技计划外的重大应用技术成果，按照本办法进行鉴定”。

一、科技成果鉴定的目的

科技成果鉴定是评价科技成果质量和水平的方法之一，它鼓励科技成果通过市场竞争，以及学术上的百家争鸣等多种方式得到评价和认可，从而推动科技成果的进步、推广和转化。

简单来说，就像商品有等级一样，科技成果水平也参差不齐，如果想将某个成果进行申报奖项、向市场推广或产业化，就需要对科技成果的等级进行评价，从而具备对该成果进行价值衡量的依据。

二、科技成果鉴定的原则和方式

科技成果鉴定工作坚持实事求是、科学民主、客观公正、注重质量、讲求实效的原则，保证科技成果鉴定工作的严肃性和科学性。

科技成果鉴定的方式包括检测鉴定、会议鉴定、函审鉴定。如表 2－1 所示。

表 2－1　科技成果鉴定方式

鉴定方式	鉴定办法	鉴定依据
检测鉴定	由专业技术检测机构通过检验、测试性能指标等方式，对科技成果进行评价	采用检测鉴定时，由组织鉴定单位或者主持鉴定单位指定经过省、自治区、直辖市或者国务院有关部门认定的专业技术检测机构进行检验、测试。专业技术检测机构出具的检测报告是检测鉴定的主要依据，必要时，组织鉴定单位或者主持鉴定单位可以会同检测机构聘请 3 ~ 5 名同行专家，成立检测鉴定专家小组，提出综合评价意见
会议鉴定	由同行专家采用会议形式对科技成果做出评价。需要进行现场考察、测试，并经过讨论答辩才能做出评价的科技成果，可以采用会议鉴定形式	采用会议鉴定时，由组织鉴定单位或者主持鉴定单位聘请同行专家 7 ~ 15 人组成鉴定委员会。鉴定委员会列会专家不得少于应聘专家的 4/5，鉴定结论必须经鉴定委员会专家 2/3 以上多数或者到会专家的 3/4 以上多数通过
函审鉴定	同行专家通过书面审查有关技术资料，对科技成果做出评价。不需要进行现场考察、测试和答辩即可做出评价的科技成果，可以采用函审鉴定形式	采用函审鉴定时，由组织鉴定单位或者主持鉴定单位聘请同行专家 5 ~ 9 人组成函审组。提出函审意见的专家不得少于应聘专家的 4/5，鉴定结论必须依据函审组专家 3/4 以上多数的意见形成

信息来源：《科学技术成果鉴定办法》，联盟整理。

三、科技成果鉴定的范围

科技成果鉴定的范围包括列入国家和省、自治区、直辖市以及国务院有关部门科技计划内的应用技术成果，以及少数科技计划外的重大应用技术成果。科技计划内的基础理论研究、软科学研究等其他科技成果的验收和评价方法，由原国家科委另行规定。

违反国家法律、法规规定，对社会公共利益或者环境和资源造成危害的项目，不受理鉴定申请；正在进行鉴定的，应当停止鉴定；已经通过鉴定的，应当撤销。不组织鉴定的科技成果，如图 2 - 1 所示。

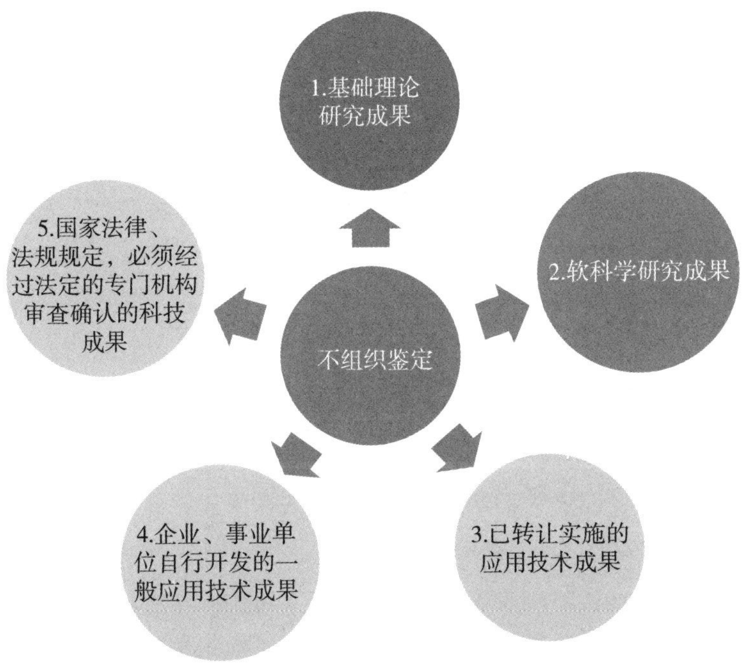

图 2 - 1　不组织鉴定的科技成果

信息来源：《科学技术成果鉴定办法》，联盟整理。

四、科技成果鉴定的作用

科技成果鉴定的作用主要体现在科技进步奖申报、企业认定、研发、市场推广等多方面。

（1）科技成果鉴定证书是申报下一年度科技进步奖的基础。按照科技部门的管理规定，当年度的科技成果鉴定只能申报下一年度的省级或市级科技进步奖，如果能够获奖，可以获得一定数额的奖金及科技进步奖证书，可以鼓舞和激励广大科技人员的积极性，增强其自信心。

（2）鉴定意见具有权威性，为企业以后认定或复审高新技术企业、创新基金、成果转化等国家重点支持的项目，提供权威的证明材料。

（3）企业可以根据鉴定结果判断产品是否成熟，从而决策是否可投入生产，或继续改进提高。

（4）经过鉴定和及时交流，可以避免其他科技人员因不了解情况进行重复研究，从而大大减少人力、物力的浪费。

（5）给予成果正式承认和恰当的评价，是对科技研发人员成果的认可，能够起到积极的激励作用。

第二节　科技成果鉴定的历史沿革

我国的科技成果鉴定工作经历了六个发展阶段，出台了三部科技成果鉴定办法。如图 2－2 所示。

第一阶段（1958—1977 年）：1958 年 5 月国家科委成立后，为了避免当时科技工作中的浮夸现象，辨别科技成果的真伪，开始科技成果的鉴定工作，并在 1959 年初步形成工作程序。1961 年 4 月 22 日，国务院发布了《新产品、新工艺技术鉴定暂行办法》，这是我国关于科技成果鉴定的第一个规范性文件，标志着我国科技成果鉴定制度正式建立，并开始实施。

第一阶段 1958—1977年	· 1958年5月国家科委成立后，为了避免当时科技工作中的浮夸现象、辨别科技成果的真伪，开始科技成果的鉴定工作。 · 1959年初步形成工作程序 · 1961年4月22日，国务院发布了《新产品、新工艺技术鉴定暂行办法》
第二阶段 1978—1986年	· 1978年3月全国科技大会召开 · 1978年11月国家科委制定和发布了《关于科学技术研究成果的管理办法》
第三阶段 1987—1993年	· 1987年10月26日国家科委发布了《中华人民共和国国家科学技术委员会科学技术成果鉴定办法》 · 1990年原国家科委开始就第二部鉴定办法的改革进行调查研究
第四阶段 1994—2013年	· 1994年10月26日颁布了新的《科学技术成果鉴定办法》
第五阶段 2014—2015年	· 2014年7月，科技部国家科技奖励工作办公室下发了《关于开展二期科技成果评价试点工作的实施意见》（国科奖字〔2014〕28号）
第六阶段 2016年至今	· 2016年6月23日科技部根据《国务院办公厅关于做好行政法规部门规章和文件清理工作有关事项的通知》（国办函〔2016〕12号）精神，按照依法行政、转变职能、加强监管、优化服务的原则决定对《科学技术成果鉴定办法》等规章予以废止

图2－2 我国科技成果鉴定工作六个发展阶段

信息来源：公开资料，联盟整理。

第二阶段（1978—1986年）：1978年3月全国科技大会召开，标志着我国的科技发展进入了一个新的发展时期。为提高知识分子地位，改善知识分子待遇，国家科委于1978年11月制定和发布了《关于科学技术研究成果的管理办法》。该管理办法在原来辨别科技成果真伪的基础上，进一步扩大为对科技成果的认定和对科研人员工作业绩的肯定。

第三阶段（1987—1993年）：随着我国改革开放的不断深入，国家科委于1987年10月26日发布了《中华人民共和国国家科学技术委员会科学技术成果鉴定办法》，这是我国第二部科技成果鉴定办法。它规定了关于科技成果的内容为基础研究理论成果和部分应用研究理论成果、应用技术成果、软科学研究成果。

第四阶段（1994—2013 年）：在第二部鉴定办法的实施过程中，我国的经济体制和科技体制都发生了重大的变化。为适应这种变化，1990 年国家科委开始就第二部鉴定办法的改革进行了调查研究，并在此基础上，于 1994 年 10 月 26 日以当时国家科委第 19 号令颁布了新的《科学技术成果鉴定办法》，这是我国第三部科技成果鉴定办法。

自 2009 年 10 月一期科技成果评价试点工作开展以来，初步建立了科技成果分类评价方法和评价指标体系，加强了科技成果评价咨询专家队伍、社会专业评价机构建设，提高了科技界和社会对科技成果评价的认识，增强了科技成果评价为科技成果转化服务的能力，为加快转变政府职能、促进社会专业评价机构发展提供了有益经验。

经科技部研究并与各单位充分协商，决定选择农业部科技司、国防科技工业局科技司、河北省科技厅、湖北省科技厅、湖南省科技厅、苏州市科技局、合肥市科技局、成都市科技局、青岛市科技局、中国有色金属工业协会 10 家单位作为第一期科技成果评价工作试点单位。如表 2－2 所示。

第五阶段（2014—2015 年）：2014 年 7 月，科技部国家科技奖励工作办公室下发了《关于开展二期科技成果评价试点工作的实施意见》（国科奖字〔2014〕28 号），工信部科技司、科技部农村中心、湖南省科技厅、中科合创（北京）科技中心等单位和机构被列为科技成果评价试点单位和试点机构。此试点工作要求在试点范围内不再开展科技成果鉴定，全面实施科技成果评价（涉及国家秘密、国家安全、公共安全等国家重大利益的除外）。明确科技成果评价报告可用于科技成果登记和推荐科技奖励的佐证材料，积极推动科技成果评价报告在促进科技成果转化过程中的有效使用。

表 2-2 一期科技成果评价工作试点单位

序号	试点单位名称
1	农业部科技司
2	国防科技工业局科技司
3	河北省科技厅
4	湖北省科技厅
5	湖南省科技厅
6	苏州市科技局
7	合肥市科技局
8	成都市科技局
9	青岛市科技局
10	中国有色金属工业协会

信息来源：公开资料，联盟整理。

第六阶段（2016 年至今）：2016 年 6 月 23 日科技部根据《国务院办公厅关于做好行政法规部门规章和文件清理工作有关事项的通知》（国办函〔2016〕12 号）精神，按照依法行政、转变职能、加强监管、优化服务的原则决定对《科学技术成果鉴定办法》等规章予以废止。

《科学技术成果鉴定办法》被废止后，根据科技部、教育部等五部委发布的《关于改进科学技术评价工作的决定》和科技部发布的《科学技术评价办法》的有关规定，今后各级科技行政管理部门不得再自行组织科技成果评价，科技成果评价工作由委托方委托专业评价机构进行。这也意味着，我国正探索和建立以市场为导向的新型科技成果评价机制，新型科技成果评价将由市场“唱主角”。

科技成果鉴定的历史沿革大事记，如表 2-3 所示。

表 2-3 科技成果鉴定的历史沿革大事记

时间	大事件
第一阶段（1958—1977 年）	1961 年 4 月国务院颁布《新产品、新工艺技术鉴定暂行办法》
第二阶段（1978—1986 年）	1978 年 11 月颁布《关于科学技术研究成果的管理办法》
第三阶段（1987—1993 年）	1987 年 10 月颁布《中华人民共和国国家科学技术委员会科学技术成果鉴定办法》
第四阶段（1994—2013 年）	1994 年 10 月 26 日以国家科委第 19 号令形式颁布《科学技术成果鉴定办法》
第五阶段（2014—2015 年）	2014 年 7 月，科技部国家科技奖励工作办公室下发了《关于开展二期科技成果评价试点工作的实施意见》（国科奖字〔2014〕28 号）
第六阶段（2016 年至今）	2016 年 6 月 23 日科技部根据《国务院办公厅关于做好行政法规部门规章和文件清理工作有关事项的通知》（国办函〔2016〕12 号）精神，按照依法行政、转变职能、加强监管、优化服务的原则决定对《科学技术成果鉴定办法》等规章予以废止

信息来源：公开资料，联盟整理。

第三节 科技成果鉴定的阶段性意义

长期以来，科技成果鉴定作为我国科技管理的一项重要工作，在保证科技成果质量、肯定科技人员的创造性劳动、提高科技人员的社会地位、加速科技成果的推广转化、促进科研工作的深化和提高、避免重复研究、强化知识产权等方面发挥了积极的重要作用。但是，随着科技体制和经济体制改革的深入发展，科技成果鉴定中存在的问题逐渐显露出来。

我国的科技评价制度一直以科技项目评审制度和科技成果鉴定制度为主，相当于国外科技评估中的事后评估。随着我国科技事业的迅猛发展，需要评价的科技成果呈逐年上升趋势。由政府科技主管部门对科技成果进行鉴定的做法，已经不再适应社会的发展需要。在此背景下，新的评价方式和评价机构应运而生，并逐渐占据市场主流。通过第三方专业评价机构对科技成果的科学价值、技术价值、经济价值、社会价值进行客观、公正的评价，更有利于获得投资方和合作方的认可，更有利于技术交易的顺利进行，也更有利于获得政府支持。

与此同时，国务院印发的《“十三五”国家科技创新规划》（国发〔2016〕43 号）中也把第三方的评价结果作为财政科技经费支持的重要依据。

第四节 科技成果鉴定退出历史舞台

回顾我国科技成果鉴定制度的改革历程，我们可以清楚地看到，几次关于鉴定制度的改革，对解决当时存在的问题，如对保证科技成果质量、肯定科技人员的成绩、促进科技成果转化等方面都曾起过积极的作用，但它始终都带有明显的计划经济体制的痕迹。

（1）科技成果鉴定制度已经不适应市场经济体制运行的要求，主要是因为科技成果的主要来源和主体已发生变化。目前，企业成为市场经济的主体，竞争性领域的科技开发、科研投入和科技成果转化等科技活动也逐步向企业集中。科技成果的主要来源不再只是政府的各类科技计划，企业自选课题、横向课题的数量增多；而原先《科学技术成果鉴定办法》规定，鉴定范围以政府科技计划内的应用技术成果为主，外加少数科技计划外的重大应用技术成果，这显然不能完全适应市场经济发展的客观要求。

同时，随着现代企业制度的建立与推行，以及国家技术创新工程的实施，企业正逐渐成为技术创新的主体，在国家法律、法规的约束下，科技活动由企业自行决定，这包括科技成果的质量、评价方式、内容、要求和目的等，都应由企业结合自己的实际需要自主决定。此外，企业对科技成果进行鉴定的目的多样化，既有质量和水平的判别，也有转让、广告宣传、申请贷款等目的。过分简单、抽象的鉴定结论已不能适应成果评价目的多样化的要求。

（2）科技成果鉴定制度不适应政府职能转变的要求。科技成果鉴定工作是政府的行政行为，具体的组织工作由政府的成果管理部门负责。但随着政府机构改革的深入和政府职能的转变，科技行政管理部门的工作重点逐渐转移到科技全局性工作上。若政府继续承担具体的科技成果鉴定工作，将不符合政府机构改革的精神。

（3）利益机制的变化、知识产权的保护等约束了科技成果鉴定工作的有效开展。随着社会主义市场经济体制的建立和发展，我国科研投入和科研管理机制发生了变化，利益机制也随之发生变化。在计划经济时代，国家作为科研投入的主体，企业和国家的利益是一致的，但在市场经济条件下，企业间的利益不完全一致。为了保持在市场上的竞争优势，企业对科技成果的保护意识已相对有所加强，而在对科技成果权的保护上，鉴定只能确保科技成果完成人获得人身权（主要是领取荣誉证书，在证书上记名）和获奖权（主要是领取奖金）的保护，但并不保护科技成果的占有权、使用权、收益权和处置权。因此，在实际鉴定过程中，科技成果很容易被人盗用，或者被人在某些问题上稍加改进后占用。所以，鉴定申请方对公开科技成果核心技术有所顾忌，这在一定程度上影响了鉴定的准确性和客观性。

（4）法律责任不够明确，给科技成果鉴定工作带来隐患。虽然后来的科技成果鉴定办法对于鉴定中的法律责任问题较以往的鉴定办法有了很大程度的加强，但是不够明确，不便于实际操作，因此给鉴定工作带来了更多问题。如专家的选聘方面，一些鉴定组织在选聘专家时仅按自身的了解来选聘，有的甚至直接在申请单位提出的专家名单中进行圈定。又如鉴定专家的费用支付，虽然是政府有关的成果管理部门组织和主持鉴定工作，但多数情况下鉴定专家的费用实际是由申请鉴定单位来支付的，不能完全避免鉴定专家受社会不良风气的侵袭。此外，鉴定委员会只是临时性组织，不可能承担法律责任，也就不可避免地会出现一些违规现象。

（5）鉴定办法相应的配套措施不力，影响鉴定结论的可信性。虽然《科学技术成果鉴定办法》对申请鉴定单位的要求和规定比较具体详细，但是由于相应的配套管理措施缺失，鉴定申请单位提交的某些鉴定依据（如查新报告、检测报告、用户使用证明等）的真实性、准确性和可靠性等一旦出现问题就会严重影响鉴定的可信性。

总而言之，科技成果鉴定具有阶段性意义，而且退出历史舞台具有必然性。

第三章

科技成果评价

科 技 成 果 评 价

科技成果评价检验与认定科技成果的科学性、创新性、科学价值和应用前景，评价科技成果的质量、水平和效益。评价科技成果有多种方式，包括结题、鉴定、验收、评估、评审、行业准入等。

科技部早在2009年就启动了科技成果评价试点工作，规定由试点单位以第三方专业科技成果评价机构取代地方科技局作为组织单位进行科技成果的评价工作。从组织机构的变更来看，由第三方专业机构取代地方科技局等科技系统单位组织进行成果评价，确实可以解决政府职能划分不清以及政府全链条覆盖鉴定过程，导致无监管无负责对象的问题；从评价结果上来看，取消“是否通过”鉴定这样的单一维度标准，过渡到行业专家的多维度评价意见，更加细化了评价规则和评价内容，对于市场化合作机构也提供了更加具有参考意义的评价结果。科技成果领域相关政策的核心目标之一，正是探索和建立以市场为导向的评价体系，从而促进科技成果转移转化，促进创新创业。就以上角度，科技成果评价从政策能够发力的层面改善了原有科技成果鉴定体系的一些框架性问题。

第一节　什么是科技成果评价

科技成果评价是指按照委托者的要求，由评价机构聘请同行专家，坚持实事求是、科学民主、客观公正、注重质量、讲求实效的原则，依照规定的程序和标准，对被评价科技成果进行审查与辨别，对其科学性、创造性、先进性、可行性和应用前景等进行评价，并做出相应结论。对成果的知识产权不做评价。

一、科技成果评价的范围

科技成果评价主要针对应用技术成果（分为技术开发类应用技术成

果、社会公益类应用技术成果)、软科学研究成果进行评价，如表 3－1 所示。

应用技术成果主要指为提高生产力水平和促进社会公益事业而进行的科学研究、技术开发、后续试验和应用推广所产生的具有实用价值的新技术、新工艺、新材料、新设计、新产品及技术标准等，包括可以独立应用的阶段性研究成果和通过对引进技术、设备的消化、吸收再创新的成果。

软科学研究成果是指为决策科学化和管理现代化而进行的有关发展战略、政策、规划、评价、预测、科技立法以及管理科学与政策科学的研究成果，主要包括软科学研究报告和著作等。软科学研究成果应具有创造性，对国民经济发展及国家、部门、地区和行业的决策和实际工作具有指导意义。

表 3－1　科技成果评价的范围

<table>
<tr><th colspan="2">评价成果</th><th>范围</th><th>内容</th></tr>
<tr><td rowspan="2">应用技术成果</td><td>技术开发类应用技术成果</td><td rowspan="2">为提高生产力水平和促进社会公益事业而进行的科学研究、技术开发、后续试验和应用推广所产生的具有实用价值的新技术、新工艺、新材料、新设计、新产品及技术标准等</td><td rowspan="2">可以独立应用的阶段性研究成果；通过对引进技术、设备的消化、吸收再创新的成果</td></tr>
<tr><td>社会公益类应用技术成果</td></tr>
<tr><td colspan="2">软科学研究成果</td><td>为决策科学化和管理现代化而进行的有关发展战略、政策、规划、评价、预测、科技立法以及管理科学与政策科学的研究成果</td><td>软科学研究报告和著作等</td></tr>
</table>

信息来源：《科技成果评价试点暂行办法》，联盟整理。

二、科技成果评价的主要内容

科技成果评价的主要内容包括以下七个方面（见图3-1）：

（1）技术创新程度、技术指标先进程度。

（2）技术难度和复杂程度。

（3）成果的重现性和成熟程度。

（4）成果应用价值与效果。

（5）取得的经济效益与社会效益。

（6）进一步推广的条件和前景。

（7）存在的问题及改进意见。

技术创新程度、技术指标先进程度

↓

技术难度和复杂程度

↓

成果的重现性和成熟程度

↓

成果应用价值与效果

↓

取得的经济效益与社会效益

↓

进一步推广的条件和前景

↓

存在的问题及改进意见

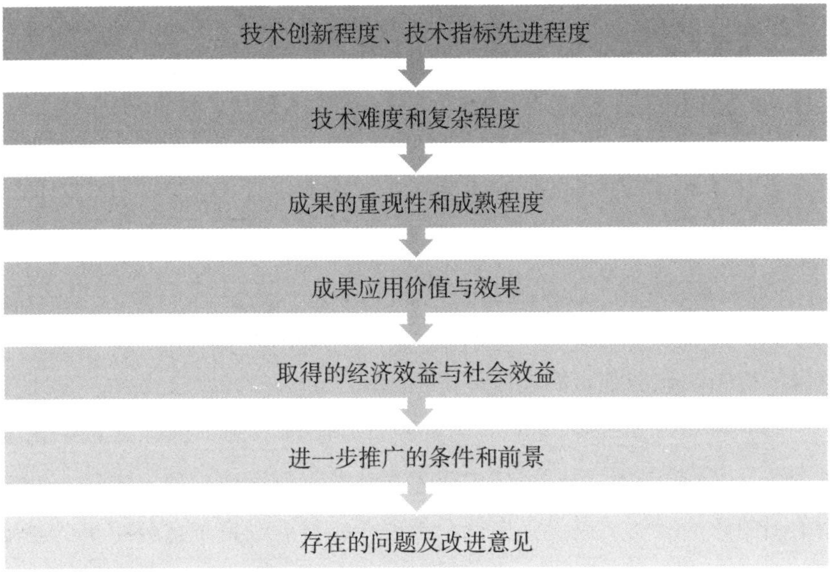

图3-1　科技成果评价的主要内容

信息来源：公开资料，联盟整理。

三、科技成果评价的原则

科技成果的评价要遵循依法评价、独立、客观、公正、分类评价与定性定量相结合的原则。

（1）依法评价原则。科技成果评价主要涉及科技成果评价委托方、评价机构及评价咨询专家三方面。有关各方应当遵循《科学技术评价办法（试行）》《科技评估管理暂行办法》和《科技成果评价试点暂行办法》，遵守评价合同约定，履行义务，承担责任。发生争议时，根据合同法等法律、法规予以解决。

（2）独立原则。科技成果评价活动依法独立进行，不受其他组织和个人的干预；评价机构独立地从事评价工作，评价咨询专家独立地向评价机构提供咨询意见，评价咨询专家提供咨询意见时不受评价机构和评价委托方的干预。

（3）客观原则。评价咨询专家在提供评价意见的过程中，按照评价成果的客观事实情况进行评审和评议。评价报告和评价意见中的任何分析、技术特点描述、结论，都应当以客观事实为依据。

（4）公正原则。评价机构必须站在公正的立场上完成评价工作。评价机构不得因收取评价费用而偏袒或者迁就评价委托方，评价咨询专家也不得因收取咨询费而迁就评价机构。

（5）分类评价原则与定性定量相结合原则。为了保证评价结论的科学性、准确性，针对应用技术成果和软科学研究成果各自的特点，采用不同的评价指标加权量化进行定量评分，然后在定量评分结果的基础上进行综合评价。

科技成果评价的原则，如图 3－2 所示。

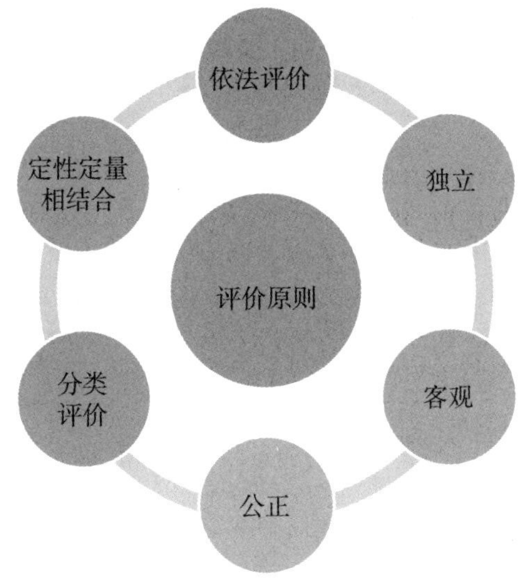

图 3－2　科技成果评价的原则

信息来源：公开资料，联盟整理。

四、科技成果评价的形式

（一）会议评价

需要对科技成果进行现场考察、测试，或需要经过答辩和讨论才能做出评价的，可以采用会议评价形式。由评价机构组织评价咨询专家采用会议形式对科技成果做出评价。

（二）通信评价

不需要进行现场考察、答辩和讨论即可做出评价的，可以采用通信评价形式。由评价机构聘请专家，通过书面审查有关技术资料，对科技成果做出评价。通信评价必须出具评价专家签字的书面评价意见。

五、科技成果评价的意义

科技成果评价的意义主要体现在申报国家项目、融资贷款便利、获取政府财政资金支持、行业公众认可和经营管理价值佐证等方面。

（1）申报国家项目。科技成果评价是国家科技成果登记和推荐国家科技奖励的重要佐证材料，是申报国家级项目的加分项。

（2）融资贷款便利。有利于获得投资方和合作方的认可，是在获取机构风投、融资担保、银行放贷、许可、转让、合作中对成果价值的重要评判依据。

（3）获取政府财政资金支持。国家评价认定且登记的科技成果，优先享受申请国家各级部门和行业的政策扶持资金，享有优先申请国家级行业示范基地的权利，优先参加国家组织的科技重大成果、国家科技奖励成果对接活动。国务院印发的《“十三五”国家科技创新规划》中把第三方的评价结果作为财政科技经费支持的重要依据。

（4）行业公众认可。有利于提升企业在市场中的竞争力。在同行业竞争中，国家认可的、权威性的科技评价报告更容易获得客户的认可，进一步提升企业在市场中的竞争力。

（5）经营管理价值佐证。科技成果评价是向社会各界以及消费者展示企业管理与远期运营能力的有效证明。

第二节 国外科技评价的总体概况

国外科技管理与我国科技成果评价的类似之处是均为“后评价”，而不同的是国外的科技管理贯穿于科技项目的整个过程。20 世纪后半叶以来，科技评价活动在欧美等发达国家已经呈现出系统化、制度化和常规化的发展趋势，已形成了较为完善的评价程序和评价方式，并用法律的形式确定了其在决策过程中的地位和作用。

一、国外科技评价的类型

国外科技评价按照评价对象分为政策评价、计划评价、项目评价、机构评价和人员评价；按照评价时段又可分为事前评价、事中评价、事后评价三种（见图3－3）。其中，美国、德国、法国、日本、英国、瑞士、韩国等国都进行事前、事中、事后的连续评价，加拿大侧重对项目的后评价和计划项目的中期评价，瑞典、马来西亚比较重视计划项目的事中评价，但马来西亚同时也会有选择地进行项目的后评价。

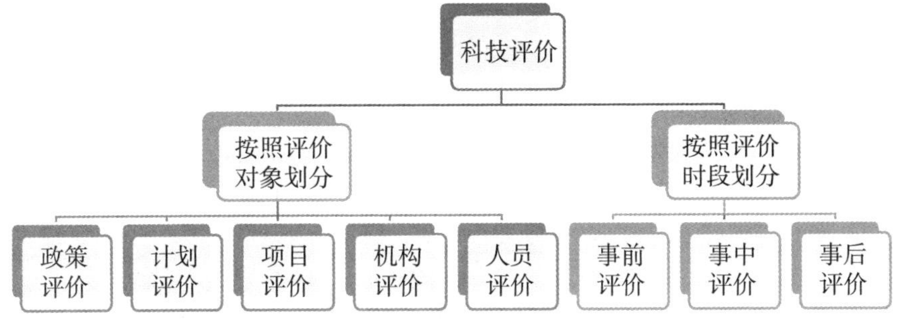

图3－3　国外科技评价的类型划分

信息来源：公开资料，联盟整理。

二、国外科技评价的组织机构

相对而言，国外典型国家的科技评价体系都较为完整，组织机构建设也相当健全，大体上具有政府性和非政府性两种属性，且又具有国家级、地方或州级、科研院所级三个层次并存的特点。只是在评价的设置数量、评价对象以及评价委员会人员的组成上，各国稍有不同。

三、部分发达国家的科技评价制度

（一）美国的科技评价制度

美国是开展科技评价活动历史最悠久的国家之一，其科技评价组织机构的设置相当健全，政府与社会、中央与地方评价机构同时并存，科技评价的政策体系和管理办法相对成熟和完善。1933 年美国第 103 届国会颁布了《政府绩效和结果法案》（GPRA），以立法的形式规范了政府部门的绩效评价活动。

美国科技评价的特点是：政府出资但不主持评价。这在一定程度上保证了评价的公平性和合理性。评价过程兼顾效率与公平，在法律的保障下实施双盲的评价并保证评价委员会来自公营或私立机构。美国评价制度的形式和方法呈多样性、多元化分散性发展的趋势，有着灵活的评价方式和多样的评价方法，如同行评议、科学咨询、通信评价、定性和定量相结合等。

（二）法国的科技评价制度

法国的科技评价起始于 20 世纪 50 年代，采用管理和绩效进行的评价，至今已形成了比较完整的科技评价体系，主要采用自主选择评价机构的方式，实施相对独立的评价程序和步骤。

1985 年，法国政府颁布相关法令，从法律上确立了科技评价的地位，明确规定评价指标及方法必须在计划实施前确定，并且对评价者评定行为和结果实施法律监督，采用社会广泛认同的、透明的、标准的评价程序和方法，保证评定过程和结果的公正性。

（三）德国的科技评价制度

德国的科技评价起源于原西德政府提交给议会的科学议案，政府性质的科学评价活动始于 1957 年科学委员会成立后。德国政府一直把科技评价作为德国科学、教育和研究事业的重要管理手段，作为建立科学机构、教育机构、制订科研计划和项目的决策基础，作为保障科研和教育质量、提高效率的重要措施，作为检查国家公共基金使用效率必不可少的方法和程序。德国针对不同研究项目采用不同的评价标准，虽未制定一部科技评价的法律，但已经形成了严格的评价制度。

（四）英国的科技评价制度

英国的科技评价工作主要是对科技计划或项目的效果进行检查和评价，尤其是对国家重大计划、重要学校机构和关系国计民生重点项目的评价。

英国科技评价是为了更经济地划拨经费，以合同为载体，按照评价对象的不同采用不同的评价方法、评价程序和评价指标，评价的重点为基础性研究项目。英国的科技评价从以下几个方面确保评价的社会化和公开化：①完全交由学会、协会或中介机构完成，往往能够提供更为客观的评价结果；②对评价组人员进行严格选择，代表来源广泛且任期短，临时聘用的评价人员只参加一次评价；③通过在网上公布以减少政府干预。

第三节　我国科技成果评价的现状

随着我国科技计划管理体制改革的深入，评价活动越来越受到各级政府的高度重视。总体上，我国科技评价工作逐步制度化，科技成果评价机构逐步规范化，评价方法逐步多样化。

一、评价工作逐步制度化

总体上来讲，我国的科技评价处于不断改进与完善中。20 世纪 90 年代初，原国家科委尝试对国家重大科技计划、项目进行科技评估。1996 年，广东省、辽宁省、天津市、武汉市、深圳市、北京市等相继成立了科技评估机构。1997 年 12 月，我国第一个国家级科技评估机构——科技部科技评估中心成立。1997 年 1 月，国家科委颁布了《科技成果评估试点工作管理暂行规定》，将科技成果评估作为科技成果鉴定的一种有效补充。1998 年，国家重点新产品计划引入了评估机制，建立了以专家为核心的评估、评审工作体系，通过中介机构进行客观、公正、独立的评估；同年，建设部发布了《科技成果评估工作管理暂行办法》。

我国科技成果评价发展历程，如表 3 - 2 所示。

表 3 - 2　我国科技成果评价发展历程

时间	大事件
1996 年	广东省、辽宁省、天津市、武汉市、深圳市、北京市等相继成立科技评估机构
1997 年	国家科委颁布《科技成果评估试点工作管理暂行规定》，科学技术部科技评估中心成立，将科技成果评估作为科技成果鉴定的一种有效补充，标志着我国科技评价走向专业化道路
1998 年	国家重点新产品计划引入了评估机制，建立了以专家为核心的评估、评审工作体系，通过中介机构进行客观、公正、独立的评估；建设部发布《科技成果评估工作管理暂行办法》
2001 年	科技部发布《国家科技计划管理暂行规定》和《国家科技计划项目管理暂行办法》，对评价作为管理过程的一个环节做了多处规定，进一步强调了科技评价活动在科技计划管理中的地位
2003 年	科技部发布《国家科技计划项目评估评审行为准则与督察办法》，将我国国家科技计划项目的评价评审活动纳入法制化管理轨道
2005 年	科技部等四部委联合发布《国家科研计划课题评估评审暂行办法》等文件，推动我国科技评价工作开始走向制度化和规范化的道路
2009 年	国家出台《科学技术研究项目评价通则》国家标准，并启动科技成果评价试点工作，规定在试点单位以第三方专业科技成果评价机构取代地方科技局作为组织单位进行科技成果的评价工作
2014 年	科技部国家科技奖励工作办公室下发《关于开展二期科技成果评价试点工作的实施意见》（国科奖字〔2014〕28 号）文件。该试点工作要求在试点范围内不再开展科技成果鉴定，全面实施科技成果评价（涉及国家秘密、国家安全、公共安全等国家重大利益的除外）

续表

时间	大事件
2016 年	科技部依据《国务院办公厅关于做好行政法规部门规章和文件清理工作有关事项的通知》精神，按照依法行政、转变职能、加强监管、优化服务的原则和稳增长、促改革、调结构、惠民生的要求，决定对《科学技术成果鉴定办法》等规章予以废止。《科学技术成果鉴定办法》被废止后，根据科技部、教育部等五部委发布的《关于改进科学技术评价工作的决定》和科技部发布的《科学技术评价办法》的有关规定，今后各级科技行政管理部门不得再自行组织科技成果评价工作，科技成果评价工作由委托方委托专业评价机构进行

信息来源：公开资料，联盟整理。

2001 年以来，我国科技评估工作进入大发展时期，国家科委批准北京市、天津市、辽宁省、中科院、国防科工委等 12 个省市和部门开展“科技成果评价试点”工作，并在全国范围内开展了科技成果评估培训。国家科技部相继出台了《科技评估管理暂行办法》《科技评估规范》《国家科研计划课题评估评审暂行办法》《关于改进科学技术评价工作的决定》《科学技术评价办法》《国家科技计划项目评估评审行为准则与督查办法》《科技成果评价试点暂行办法》等科技评估的制度。这些制度的出台，对规范全国的科技评估活动、评估机构的建设，推动科技评估事业的发展起到了重要作用。

2014 年 7 月，科技部国家科技奖励工作办公室下发《关于开展二期科技成果评价试点工作的实施意见》（国科奖字〔2014〕28 号），工信部科技司、科技部农村中心、湖南省科技厅等单位和机构被列为科技成果评价试点单位和试点机构（见表 3－3）。此次试点工作要求在试点范围内不再开展科技成果鉴定，全面实施科技成果评价（涉及国家秘密、国家安全、公共安全等国家重大利益的除外）。明确科技成果评价报告可用于科技成果登记和推荐科技奖励的佐证材料，积极推动科技成果评价报告在促进科技成果转化过程中的有效使用。

表 3 – 3　二期科技成果评价的试点单位及机构

序号	试点单位	试点评价机构
1	湖南省科技厅	湖南省林学会、湖南省机械工业协会、湖南省金属学会、湖南省石油化学工业协会、湖南省农学会、湖南省建材工业协会、湖南省公路学会、湖南省生产力促进中心、湖南省技术产权交易所、湖南省农业科学技术教育服务中心
2	青岛市科技局	青岛市科技创业服务中心、青岛科技工程咨询研究院
3	成都市科技局	成都市科技评估中心、成都生产力促进中心、成都西南交大科技园管理有限责任公司
4	苏州市科技局	苏州市科学技术情报研究所、常熟市生产力促进中心
5	科技部中国农村技术开发中心	中国农业大学科技园（北京建设大学）、中科合创科技推广中心
6	工业和信息化部科技司	工业和信息化部电信研究院、工业和信息化部电子科学技术情报研究所
7	农业部科技教育司	中国农学会、农业部科技发展中心、中国老科技工作者协会农业分会
8	中国有色金属工业协会科技部	中国有色金属工业协会科技部
9	中国制药装备行业协会	中国制药装备行业协会科技成果评价委员会
10	中国高科技产业化研究会	中国高科技产业化研究会
11	中国循环经济协会	中国循环经济协会
12	中国再生资源回收利用协会	中国再生资源回收利用协会

续表

序号	试点单位	试点评价机构
13	中国发展战略学研究会	中国发展战略学研究会
14	中国管理科学学会	南京敏捷企业管理研究所
15	全国工商联人才交流服务中心	全国工商联人才交流服务中心

信息来源：公开资料，联盟整理。

2016年6月，科技部发布《科技部关于对部分规章和文件予以废止的决定》，根据《国务院办公厅关于做好行政法规部门规章和文件清理工作有关事项的通知》（国办函〔2016〕12号）精神，按照依法行政、转变职能、加强监管、优化服务的原则和稳增长、促改革、调结构、惠民生的要求，决定对《科学技术成果鉴定办法》等规章予以废止。

《科学技术成果鉴定办法》被废止后，根据科技部、教育部等五部委发布的《关于改进科学技术评价工作的决定》和科技部发布的《科学技术评价办法》有关规定，今后各级科技行政管理部门不得再自行组织科技成果鉴定工作，科技成果评价工作由委托方委托专业评价机构进行。

二、科技成果评价机构逐步规范化

经过近20余年的发展，科技成果评价机构在实践中摸索探讨，经历了从个别省市逐步向全国铺开的过程，科技成果评价机构及单位从隶属于科委到逐步社会化，呈逐步规范化发展。目前，我国的科技成果评价机构主要有四类：隶属于科技管理部门的科技成果评价机构、隶属于科研机构的科技成果评价机构、隶属于企业的科技成果评价机构、独立的中介机构。

现阶段，我国科技评价管理系统是由国家和各省、市、自治区科技行政管理部门组成，以国家为主，实行统一领导、分级管理的原则。国家科学技术部是我国科技评价活动的行业主管部门，负责对全国的科技评价活动进行总的组织、管理、指导、协调和监督。科技成果评价机构和单位主要是在科技管理部门所属有关单位的基础上产生的，如软科学研究机构、科技咨询机构、科技情报机构等。

三、评价方法逐步多样化

此前，我国基础研究领域的主要评价方法是同行评议，是以定性为主的评价方法。针对同行评议系统的“失效”问题，管理部门也积极研究其他的评价方法。目前我国在开展科技成果评价时已结合定量方法的使用，合理地使用各种科技成果评价方法，使其能够真正有效地发挥作用。

第四节　科技成果评价的未来趋势

科技成果评价是科技成果转移转化的重要环节，过去一直由政府科技主管部门对科技成果进行鉴定。科技部正式废止《科学技术成果鉴定办法》，以委托方式交给专业评价机构执行，意味着我国正建立以市场为导向的新型科技成果评价机制，新型科技成果评价将由市场“唱主角”。

国务院印发的《“十三五”国家科技创新规划》中强调，改革科技评价制度，建立以科技创新质量、贡献、绩效为导向的分类评价体系，正确评价科技创新成果的科学价值、技术价值、经济价值、社会价值、文化价值。推进高等学校和科研院所分类评价，实施绩效评价，把技术转移和科研成果对经济社会的影响纳入评价指标，将评价结果作为财政科技经费支持的重要依据。推行第三方评价，探索建立政府、社会组织、公众等多方参与的评价机制，拓展社会化、专业化、国际化评价渠道。完善国民经济核算体系，逐步探索将反映创新活动的研发支出纳入GDP核算，反映无形资产对经济的贡献，突出创新活动的投入和成效。改革完善国有企业评价机制，把研发投入和创新绩效作为重要考核指标。

第四章

科技成果转化

科技成果转化，是指为提高生产力水平而对科学研究与技术开发产生的具有实用价值的科技成果所进行的后续试验、开发、应用、推广，直至形成新产品、新工艺、新材料，发展新产业等活动的总称。

第一节　科技成果转化的概念

科技成果转化的概念可分为广义和狭义两种。

广义的科技成果转化是指将科技成果从创造地转移到使用地，使劳动者的素质、技能或知识得到加强，劳动工具得到改善，劳动效率得到提高，经济得到发展。

狭义的科技成果转化实际上仅指技术成果的转化，即将具有创新性的技术成果从科研单位转移到生产部门，使新产品增加、工艺改进、效益提高，最终推动经济进步。通常所说的科技成果转化一般指狭义的概念。

第二节　科技成果转化的内涵

科技成果转化包括科技成果的应用和推广、科技成果的工艺化、科技成果的产品化、科技成果的商业化和科技成果的产业化几层含义。

科技成果的应用包括两个方面：一方面是把基础研究、应用研究或实验室里的成就应用于实际生活和实际生产。如果科技成果不成熟，还不能投入实际应用，那么就要继续开展研发活动，把不成熟的技术转化为成熟的技术，把输出方的技术转化为适用于输入方的实用技术。另一方面，科技成果的应用是指用新的技术和方法改造传统的产业，或者把先进的科学技术成就应用于实际生活以改变现有的工作或生活方式。科技成果的推广是对成熟技术的扩散、传播和应用。

科技成果的工艺化、产品化、商业化、产业化，既是科技成果应用的过程，也是科技成果应用的结果。

（1）工艺化。是把科技成果转化为新的生产工艺，或用科技成果改造旧的生产工艺，这样做或者能够提高生产效率，或者能够降低生产成本，或者能够提高工艺质量和产品质量。

（2）产品化。是利用科技成果生产出新的产品，或者是把科技成果应用于改造现有的产品，降低现有产品的成本，或者使产品获得新的功能，或者提高它的使用性能。

（3）商业化。是科技成果有了市场需求，或者是技术本身作为商品得到了应用，或者是将利用科技成果生产的产品投放到了市场。

（4）产业化。是指将科技成果转化为实体产业并生产出产品、商品，以体现科技成果的社会效益和经济效益。

第三节　科技成果转化各参与方的作用

一、政府

科技成果转化是个复杂的系统工程，同时也是一项风险性事业，需要政府这一强大后盾。在科技成果转化过程中，政府的作用必不可少，它是制定相应政策的引导者。

我国科技体制的弊端体现为，大量的科研机构长期独立于企业之外，形成了科技与经济相分离的局面，因而产生大量的科技成果转化问题。政府应当在科技成果转化和推广过程中起到良好的引导作用。政府有关部门制定了有效的产业政策和相应的产业技术政策、产业结构政策，从而集中资金、人力和物力，发挥整体优势，提高技术开发水平，形成规模化能力。

二、企业

企业是科技成果转化和推广过程中的核心主体。企业可以自行发布信息或者委托技术交易中介机构征集其所需的科技成果，或者征寻科技成果的合作者，也可以独立或者与境内外企业、事业单位或者其他合作者实施科技成果转化、承担政府组织实施的科技研究开发和科技成果转化项目，还可以与研究开发机构、高等院校等事业单位相结合，联合实施科技成果转化。

在市场经济的条件下，企业的生存和发展，本质上取决于企业的技术创新能力、吸纳科技成果能力和经营能力，而不是仅靠资金、人力的投入规模来实现量的扩张及效益的提升。企业要不断提高自身的科技成果转化主体的认识，勇挑重担，寓科技成果于产品开发和发展生产之中。

三、高校及科研机构

高等院校、科研院所等科研单位是科技成果的供给主体。高校及科研机构发展成为基础研究的主力军、应用研究的重要方面军，以及高新技术产业化的生力军，其高校科技工作已经成为国家科技创新体系的重要组成部分。在国家有关部门的大力支持下，高校及科研机构承担建设了一大批科技创新基地或平台，积极承担了国家科技攻关计划、“863”计划、“973”计划、国家自然科学基金及国防军工等一系列科研任务，使高校的总体科技实力、自主创新能力及综合竞争力大大增强，知识贡献与社会服务能力大大增强，不断成为我国科技自主创新的强大力量。

四、第三方技术服务机构

第三方技术服务机构囊括了提供科研技术服务、产业技术服务以及后期工商管理、法律顾问等服务的机构。在高端科学领域，科研成果的转化往往从立题开始，在高精尖技术领域，很难有一个团队能够做到尽善尽美。第三方技术服务结构是重要的支持和补充力量，确保研发的顺利进行。

五、中介机构

科技中介主要有科技部和各地科委成果推广机构、技术成果交易会、技术商城、技术开发公司、大学科技园、创业园、孵化器、生产力促进中心等形式。自技术市场开放后，科技中介服务机构大量涌现。它们存在于技术市场化全过程的各阶段，帮助技术供给方与需求方建立沟通联系，是技术与经济结合的切入点，是技术进入市场的重要媒介，对于技术市场化的进程有很大的推动作用。

第五章

我国科技成果转化

"十三五"时期，"创新"被摆在中国发展最为核心的位置，"科技创新"被赋予"引领全面创新"的重任。由此，科技成果转化备受关注。

相关资料统计，2011 年，我国的科技成果转化率大约是 15%，真正实现产业化的不足 5%。2012 年，全国共登记应用技术成果 43 234 项，其中稳定应用的成果比例达到 84. 29%；小批量或小范围应用、试用的成果比例分别为 7. 15% 和 3. 40%；未应用的成果比例为 4. 92%；另有 0. 24% 的成果应用后停用。在 43 234 项应用技术成果中，获得经济效益的成果为 10 797 项，占 24. 97%，这些获得经济效益的成果共取得技术转让收入 189. 93 亿元。2013 年 7 月 1 日，英国国际商学院和世界知识产权组织发布的《2013 年全球创新指数报告》中，中国排名为第 35 位，中国香港排名第 7 位。2014—2015 年，我国科技成果转化率仍不到 20%。2015—2016 年，我国的科技成果转化率仅为 25%，实现真正产业化的不足 5%，与美国、日本等国家的科技成果转化率相差甚远。

从上述数据可以看出，我国科技成果转化的总体水平偏低，相比西方发达国家，仍处于落后的状态。

第一节　科技成果转化发展历程

根据《中华人民共和国促进科技成果转化法》中的定义，科技成果转化是指"为提高生产力水平而对科学研究与技术开发所产生的具有实用价值的科技成果所进行的后续试验、开发、应用、推广直至形成新产品、新工艺、新材料，发展新产业等活动"。

科技成果转化是我国特有的词汇，国际上并没有科技成果转化这一说法，多使用"技术转移（Technology transfer）"或"技术创新（Technology innovation)”等表述。“技术转移”明确表示“科研成果的所有权或者使用权在不同的主体之间的转移”这一本质内涵。

科技成果转化始于计划经济体制时代。中华人民共和国成立后，我国的科技基础、工业基础都很薄弱，因此在这一历史条件下，由国家制订科研和产品开发计划，即国家研发什么，生产什么产品，生产多少产品，产品怎样定价，产品如何分配，都是按照事先制订的计划进行的。国家给科技机构分配经费，并主导科技机构的研究课题。公有制企业如果有产品研发需求，也可以上报给政府行政管理部门，政府审批通过后再制定研究课题下达给科研院所。最终研究课题完成后，政府再将研究成果转回企业。可以说，在计划经济时代，科技成果的转化就是通过政府这一主体主导实现的。这一模式在当时特定的年代背景下，有利于将有限的资源集中到重点领域建设上，奠定了国民经济良性循环的工业基础和科技基础。

但是随着时间的推移，这一模式的弊端也逐渐凸显。科研机构与企业缺乏直接的联系，所有的需求、研发均要通过政府部门的调配，随着传递部门链条的拉长，生产需求与科研计划间很难实现精准匹配，科研与生产严重脱离，科技不能很好地为经济服务，呈现科技与经济两张皮的局面。

要解决这一问题，就必须进行科技体制改革。国家在加快科技成果转化、实施以增加知识价值为导向的分配政策等方面出台了很多政策。2015 年 9 月发布的《深化科技体制改革实施方案》，以“打通科技创新与经济社会发展通道，最大程度地激发科技第一生产力、创新第一动力的巨大潜能”为目标，要求“健全促进科技成果转化的机制，深入推进科技成果使用、处置和收益管理改革，强化对科技成果转化的激励，完善技术转移机制，加速科技成果产业化”。

又比如说，科技成果评价作为科技成果转移转化的重要环节，过去一直由政府科技主管部门对科技成果进行鉴定。2016 年 6 月，我国正式废止《科学技术成果鉴定办法》。科技成果鉴定管理方式由强制行政审批，过渡到由行业组织和中介结构自律管理，政府完全放手，不再将科技成果鉴定纳入行政审批工作，完全由专业评价机构执行。这是我国探索和建立以市场为导向的新型科技成果评价机制的一大标志性事件。

第二节 科技成果转化的痛点及对策

科技成果转化困难并非中国独有的现象。以美国为例，美国的技术原创能力世界闻名，企业的产业化能力也非常强，其科技成果转化能力也比其他国家强，但转化率仍然较低。美国大学近75%的发明专利从来没有得以商业化，例如，2008年斯坦福大学科技许可办公室收到400项专利申请，获批的200项专利中只有100项被商业性转化①。

绝大部分的科研成果还没走向市场，就被埋没，形成科技创新过程中的“死亡之谷”。如何跨越这个“死亡之谷”成为一个世界性的难题。科技成果转化路径及涉及主体，如图5－1所示。

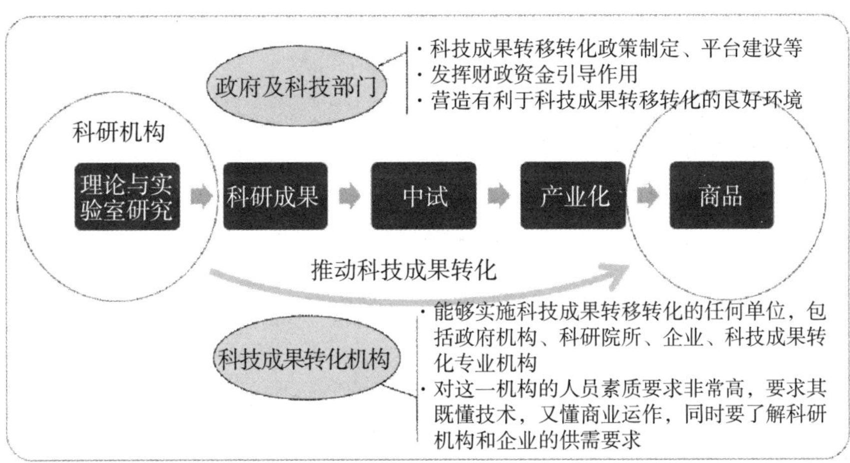

图5－1 科技成果转化路径及涉及主体

信息来源：公开资料，联盟整理。

---

① 赵中建，卓泽林．美高校科研成果转化如何跨越“死亡之谷”［N］．科技日报，2015－04－29.

一、科技成果转化的痛点

科技成果转化之所以难，主要集中在两方面：

一方面，科技成果转化涉及技术成果转移，本质上是一个市场行为，技术成果的拥有者、使用者、科技成果转化机构、政府监管单位都应遵循市场规律，明确各方的定位，使各方都有推进科技成果转化的动力和能力，切实促进技术成果的转化。

另一方面，要实现科研需求与生产要求的供需对接，推动资源的有效配置，但是在当今的社会环境下，这一信息成本仍非常高昂，大多数科技成果转化项目仍然依赖于一方刚好了解科研院所及企业两方面的情况，而非科研院所与企业直接进行需求对接。

并不是每一个基础研究都能形成科研成果，也并不是每一个科研成果都适合转化为产业化的产品。科研成果是一件复杂的非标准化商品，每一个都有其独特性和专业性，实际需求方可能未必知道有这样一项科技成果的存在。

科研实验室、企业数量众多，科研成果种类众多。要促成一项科技成果的转化，一个企业就必须在茫茫信息中搜寻到一个对自己有益的科研成果，并有能力、有意愿将其转化，而科研院所恰恰愿意帮助企业转化该成果。

二、科技成果转化的对策

（一）发挥市场在配置科技创新资源中的决定性作用

科技成果转化本质上是一个市场行为。因此，科技成果转化要正确处理政府引导和市场调节的关系，充分发挥企业在技术创新和成果转化中的主体地位，科学界定科技成果转化各类主体的权利和责任，能放给企业的权利尽量放给企业，最大程度地发挥市场的决定性作用。①

1. 转变政府职能，强化政府引导作用

政府应加快在科技成果转化过程中的职能转变，推进简政放权、放管结合、优化服务，强化政府在科技成果转移转化政策制定、平台建设、人才培养、公共服务等方面的职能，发挥财政资金引导作用，营造有利于科技成果转移转化的良好环境。例如，取消审批，赋予科研机构成果使用权、处置权；加强科技成果信息汇交，推广科技成果在线登记汇交系统；打造线上与线下相结合的国家技术交易网络平台；在高校和科研院所建立一批专业化的技术转移机构；培育一批市场紧缺的技术经纪人等专业人才队伍。

2. 强化企业转移转化科技成果的主体地位

要想发挥市场在配置科技创新资源中的决定性作用，就必须强化企业转移转化科技成果的主体地位，发挥企业家整合技术、资金、人才的关键作用，推进产学研协同创新，大力发展技术市场。完善科技成果转移转化的需求导向机制，拓展新技术、新产品的市场应用空间。

（二）清除科技成果转化的体制性障碍

过去，科研院所的科技成果产权不清、权责不明，无法跟市场真正接轨，这是科技成果转化最大的体制性障碍。

科技成果自“实验室”走向“市场”，最终能否成功转化，取决于市场需求、科技成果的成熟度，以及科技成果方自身的资金实力、技术吸收能力、市场推广能力等多重因素。上述因素不仅影响科技成果转化的成败，还在很大程度上影响着转化的科技成果给最终购买方所带来的收益，更是直接决定了科技成果的转化价格。但是这些因素很难被定量描述，因此在定性基础上决定的最终科技成果成交价格与日后增值收益

① 王志刚．十二届全国人大常委会专题讲座第二十六讲——促进科技成果转化［EB/OL］．http：//www. npc. gov. cn/npc/xinwen/2016 - 12/26/content_ 2005215. htm，2016 - 12 - 26.

比较起来，存在较大低估或者高估的可能性。一旦出现低估，在科技成果所有权归属国家的情况下，科技成果转化责任人容易背负“国有资产流失”的指责。

此外，在2015年修订《中华人民共和国促进科技成果转化法》之前，科技成果的转化收益与科技成果研发人员并无太大关联。科技成果转化成功，并不会给科研人员带来较大收益；科技成果转化不成功，也不会影响科研人员的绩效评定和职称评价。

因此上述两方面因素决定了科研院所和科研人员在科技成果转化过程中存在较大的顾虑，其所承担的风险与所获得的收益也不匹配，普遍缺乏实施科技成果转化的动力。

科技成果具有较强的时效性，如果不及时转化，很可能一两年内出现了新的技术或者转化了其他的科技成果，那么该项科技成果的价值就完全归零了。这就造成了我国绝大部分的科技成果研发出来后被束之高阁，直至价值归零。

要加速科技成果转化，就必须清除科技成果转化的体制性障碍，明确科技成果的产权和收益归属，提高科研人员转化成果的积极性。

目前国家出台的各项政策也在着力落实解决这一类问题。例如《实施<中华人民共和国促进科技成果转化法>若干规定》明确了一个免责的条款：“科技成果转化过程中，通过技术交易市场挂牌交易、拍卖等方式确定价格的，或者通过协议定价并在本单位及技术交易市场公示拟交易价格的，单位领导在履行勤勉尽责义务、没有牟取非法利益的前提下，免除其在科技成果定价中因科技成果转化后续价值变化产生的决策责任。”

又比如，《实施<中华人民共和国促进科技成果转化法>若干规定》明确了对职务科技成果完成人和为成果转化做出重要贡献的其他人员给予奖励时的最低标准为50%，有一些地方政策甚至将这一比例提高至70%~90%。

（三）培育专业的技术转化机构

培育专业化的技术转移人才和机构是国际通行做法。促进高校、科研机构内部技术转移机构的专业化发展，始终是国外法律法规引导的重要方向。

例如美国要求大学都建立 OTT（Office of Technology Transfer，技术转移办公室）或 OTL（Office of Technology Licensing，技术许可办公室）。其中最为著名的就是“硅谷模式”，通过斯坦福、加州大学伯克利分校、加州理工等世界知名大学的科技成果持续转化，培育了思科、英特尔、惠普、朗讯、苹果等世界知名企业。

美国的科技成果转化比例较高，不仅因为其建立了有效的专业化技术转移机构，还在于这些机构聚集了一批掌握技术、法律、管理、专利、谈判等多方面知识的专业人才。

以斯坦福大学的 OTL 为例。斯坦福大学的 OTL 始建于 1970 年，是目前美国最大的技术转移机构之一，2016 年度共收到 472 个专利申请，授权 142 个专利使用许可，取得 9422 万美元的总专利使用费①。但是整个斯坦福大学 OTL 工作团队不超过 50 人，其中具体负责技术许可工作的人员不超过 20 人，并且每个人都同时拥有基础科学领域的博士学位和经管类学科背景②。正是因为有着专业的学科背景和丰富的经验，这些工作人员才能判断技术的产业化可能性及转化前景，同时也能合理判断专利价值，并将之授权给合适的买家。

（四）打造并优化国家技术交易网络平台

科技成果的信息交易成本很高。很多科研院所空有科技成果，不知

① 参考斯坦福大学官网，http：//otl. stanford. edu/about/resources/about_ resources. html? headerbar = 0.

② 李文卉．OTL 模式的魅力——来自斯坦福大学的科技转化经验［J］．支点，2017，（11）．

道将技术授权给谁，想要合作的企业也未必有意愿来承接该项成果的转化。很多企业有能力、有决心改进、升级产品，却难以找到合适的技术来转化。2016 年度科技成果登记数量为 58 779 项，而在实际工作中，绝大部分科技成果都是没有登记的。

因此，中国要想提高科技成果转化效率，提高供需双方对接效率，仅靠几个科技成果转化机构或者几个地方科技成果转化平台是不够的，需要有效整合一个数据量较大、认知度较高的国家级技术交易网络平台，以降低科技成果转化的信息成本，提高资源配置的效率。

第三节　科技成果转化工作中的三大转变

《中华人民共和国促进科技成果转化法》于 1996 年颁布实施，2016 年对该法律实施了修订工作。国家随后又发布了配套政策和实施方案，各地方也纷纷修改地方政策法规。

通过这一系列的政策发布及修改工作，出现了以下三点显著性变化。政府为了推动科技成果转化，主动走出“舒适区”，以顺应市场发展变化，体现了建设创新型工业国家的决心。

一、从科技成果鉴定到科技成果评价

科技成果评价是科技成果转移转化的重要环节，过去一直由政府科技主管部门对科技成果进行鉴定。2016 年 6 月，我国正式废止《科学技术成果鉴定办法》。自此，过去由国家行政管理部门组织的科技成果鉴定被第三方专业机构的科技成果评价所取代，政府不再将科技成果鉴定作为行政审批工作的一部分。

这标志着我国向市场驱动科技成果转化迈进了一大步。过去的科技成果鉴定多是为了申请国家财政资金支持，而如今更多的科技成果评价是为了对科技成果的转化转移进行市场定价。因此，以政府鉴定为主的

科技成果评价方式已经不符合政府职能转变的要求，也不适应新形势下对科技成果评价的发展需求；而由第三方专业评价机构对科技成果的科学价值、技术价值、经济价值、社会价值进行评价，更有利于客观反映科技成果的社会经济价值，更有利于促成科技成果交易的顺利进行。

二、政府和企业的职能转变

在本次修订《中华人民共和国促进科技成果转化法》中，可以明确地看出各主体的角色在科技成果转化过程中发生了较大的变化。当前推进科技成果转化改革的重点是充分发挥市场在配置创新资源中的决定性作用，加速技术、人才、资本等创新要素的流动与融合。

（一）政府——从行政审批转变为优化市场服务

政府的工作职能由过去的行政审批工作转为简政放权、放管结合、优化服务，强化在科技成果转移转化政策制定、平台建设、人才培养、公共服务等方面的职能，发挥财政资金引导作用，营造有利于科技成果转移转化的良好环境。

首先，在实际工作中，政府均在减少和下放投资审批、生产经营活动审批等事项，规范行政审批运行，最大程度地减少前置审批程序。教育部、科技部发布的《关于加强高等学校科技成果转移转化工作的若干意见》中也明确表示，高校对其持有的科技成果，可以自主决定转让、许可或者作价投资，除涉及国家秘密、国家安全外，不需要审批或备案。

其次，政府通过加强国家和地方政府支持的科研成果的信息发布，让全社会获得科研成果知情权；通过构建国家技术交易网络平台，连接技术转移服务机构、投融资机构、高校、科研院所和企业等，集聚成果、资金、人才、服务、政策等各类创新要素，降低技术成果转化的信息成本，提高转化效率。

（二）企业——从技术接受者到市场主体地位

强化企业转移转化科技成果的主体地位，发挥企业家整合技术、资金、人才的关键作用，推进产学研协同创新，大力发展技术市场。发挥企业在科技成果转移转化过程中的需求导向作用，拓展新技术、新产品的研发和市场应用空间。支持企业与高等学校、科研院所联合设立研发机构或技术转移机构，共同开展研究开发、成果应用与推广、标准研究与制定等。

三、提高科技人员从事科技成果的奖励标准

修订后的《中华人民共和国促进科技成果转化法》提高了对职务科技成果完成人和为成果转化做出重要贡献的其他人员的最低现金和股权奖励标准，奖励标准从20%提高至50%。

《实施〈中华人民共和国促进科技成果转化法〉若干规定》进一步细化了该项规定：①以技术转让或者许可方式转化职务科技成果的，应当从技术转让或者许可所取得的净收入中提取不低于50%的比例用于奖励；②以科技成果作价投资实施转化的，应当从作价投资取得的股份或者出资比例中提取不低于50%的比例用于奖励；③在研究开发和科技成果转化中做出主要贡献的人员，获得奖励的份额不低于奖励总额的50%。

国务院印发的《"十三五"国家科技创新规划》也明确表示，高等学校、科研院所的主管部门以及财政、科技等相关部门，在对单位进行绩效考评时，应当将科技成果转化的情况作为评价指标之一。将科技成果转化结果纳入绩效考评管理，以改善目前高校人员"重论文、轻成果""重立项申请、轻成果转化"的现状，提高科技人员从事成果转化的积极性。

第六章

科技成果转化的运营模式

科 技 成 果 评 价

第一节　我国科技成果转化运营模式分析

我国科技成果转化的主要运行模式包括自主转化、中介机构帮助转化、产学研合作转化、公共技术服务平台转化、协议转化、中试等模式。

一、我国科技成果转化的主要运营模式

（一）自主转化模式

《中华人民共和国促进科技成果转化法》第九条规定，科技成果持有者可以采用下列方式进行科技成果转化：

（1）自行投资实施转化。

（2）向他人转让该科技成果。

（3）许可他人使用该科技成果。

该模式是指科研院所、大专院校或企业利用自身研制的科技成果在本单位内部进行的一种科技成果转化模式。从高校的角度出发，自主转化模式主要是高校以现有政策和环境为依托，自己兴办企业，创造条件将研究成果转化为生产力，如清华同方、北大方正等。

（二）中介机构帮助转化模式

《中华人民共和国科技成果转化法》第十条规定，“企业为采用新技术、新工艺、新材料和生产新产品，可以自行发布信息或者委托技术交易中介机构征集其所需的科技成果，或者征寻科技成果转化的合作者”；第十八条规定，“在技术交易中从事代理或者居间等有偿服务的中介机构，须按照国家有关规定领取营业执照”。

这种模式主要是企业根据自身需求，通过科技中介机构开展技术交

易，获取符合自身需要的技术；科技成果拥有者通过技术市场把科研成果部分或全部许可转卖给企业实施转化。

（三）产学研合作转化模式

《中华人民共和国促进科技成果转化法》第十二条规定，“国家鼓励研究开发机构、高等院校等事业单位与生产企业相结合，联合实施科技成果转化”；第十三条规定，“国家鼓励农业科研机构、农业试验示范单位独立或者与其他单位合作实施农业科技成果转化”。

产学研合作的特点是科学研究、产品开发和人才培养等活动均是由科研院所、大学和企业以合作、合资、一体化的方式共同转化，以实现产、学、研三方优势互补、资源共享。

（四）公共技术服务平台转化模式

《中华人民共和国促进科技成果转化法》第十七条规定，“依法设立的从事技术交易的场所或者机构，可以进行下列推动科技成果转化的活动：①介绍和推荐先进、成熟、实用的科技成果；②提供科技成果转化需要的经济信息、技术信息、环境信息和其他有关信息；③为科技成果转化提供其他咨询服务”。

该模式要求政府、高校、科研机构、企业利用自身的专业优势，建立面向行业的公共服务平台，为转化主体提供专业的共性技术服务。

（五）协议转化模式

《中华人民共和国促进科技成果转化法》第十四条规定，“国家设立的研究开发机构、高等院校所取得的具有实用价值的职务科技成果，本单位未能适时地实施转化的，科技成果完成人和参加人在不变更职务科技成果权属的前提下，可以根据与本单位的协议进行该项科技成果的转化，并享有协议规定的权益”。

协议转化模式是指科技成果的拥有方与合作方以合股或利润分成的

方式进行转化。该转化的核心问题是协议方在合作过程中风险共担和利益共享，防止资源闲置。

（六）中试模式

《中华人民共和国促进科技成果转化法》第十九条规定，“国家鼓励企业、事业单位和农村科技经济合作组织进行中间试验、工业性试验、农业试验示范和其他技术创新和技术服务活动”。

从我国实践来看，该模式存在技术集成性和应用性不强等问题。我国的高校和科研院所普遍缺乏中试基地，大部分科技成果只是处于实验室阶段，一些高校和科研院所的科技成果，由于没有进行中试，工程研究不到位、不全面就开始盲目转化，从而造成转化失败。

二、我国科技成果转化运营模式的完善

我国科技成果转化运营模式的不断完善需要从宏观和微观层面的各方面不断努力。科技成果转化运营模式完善的路径，如图 6－1 所示。

（一）宏观层面

1. 加大立法引导和政策扶持，深化科技体制改革

政府应继续加大立法支持，出台配套法律法规及政策，为科技成果转化创造良好的法制环境；进一步完善市场机制，以市场为导向，发挥政府在市场配置科技创新资源中的决定性作用，强化企业在转移转化科技成果过程中的主体地位，推进产学研协同创新发展；加快政府职能转变，鼓励机制创新，推进简政放权、优化服务，强化政府在科技成果转移转化中政策制定、平台建设、人才培养、公共服务等方面的职能，探索科技成果转移转化新模式。

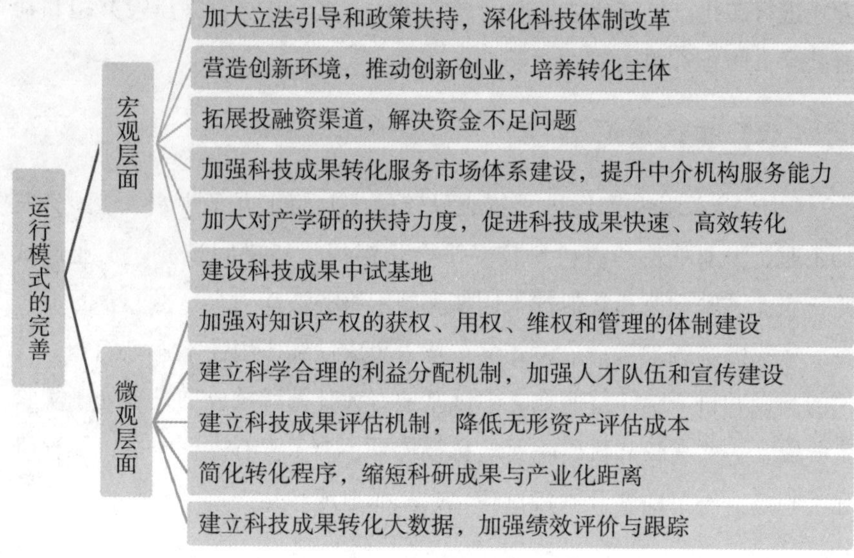

图 6－1　科技成果转化运营模式完善的路径

信息来源：公开资料，联盟整理。

2. 营造创新环境，推动创新创业，培养转化主体

在创新资源集聚区域，不断强化企业创新意识，提升企业创新能力，营造创新环境和土壤；引导高校、科研院所、大型企业、转移机构建立以科技成果转移转化为内容的众创空间；孵化出一批有市场活力的科技成果转移转化创新主体，推动创新创业。

3. 拓展投融资渠道，解决资金不足问题

发挥国家科技成果转化引导基金杠杆作用，采取设立子基金、加大贷款风险补偿（知识产权质押融资贷款补贴）等方式，吸引社会资本投入，支持科技成果转化；大力发展创业投资，培育发展天使投资人和创投机构，支持中小型科技企业的科技成果转化项目；引导和鼓励地方设立创业投资引导、知识产权运营等专项资金，引导信贷资金促进科技成果转移转化，拓展融资渠道，解决资金问题。

4. 加强科技成果转化服务市场体系建设，提升中介机构服务能力以科技成果转移转化为核心，以市场需求为导向，借助互联网、物联网技术，打造线上与线下相结合的国家技术交易网络平台；建立行业技术市场，完善区域市场，形成不同领域、不同层级市场体系新格局，在现有的转移区域中心，落实“一带一路”、京津冀协同发展、长江经济带等重大战略，打造连接国内外资本、技术、人才等创新资源的技术转移网络平台；制定和完善技术产权交易、知识产权交易等各类平台的机制和功能，促进科技成果转化。

5. 加大对产学研的扶持力度，促进科技成果快速、高效转化

由于高校及科研机构是我国科技自主创新的主要力量，又承担了国家重大课题和科研任务，产学研又可以优势互补、资源共享，具有天然优势，所以，继续加大对产学研的扶持力度，支持高校和科研院所开展科技成果转移转化，不断推动企业加强科技成果转化应用，鼓励构建多种形式的产业技术创新联盟，有利于快速、高效推动科技成果转移转化。

6. 建设科技成果中试基地

依托国家高新区、大学科技园、高校、科研院所、企业等建设一批科技成果产业化中试基地，引导科技成果对接特色产业需求；鼓励企业牵头、政府引导、产学研协同，建立面向产业发展需求和产业化开发的中试基地。

（二）微观层面

1. 加强对知识产权的获权、用权、维权和管理的体制建设

科技成果的有效转化，归根结底靠的是优质的技术和专利。因此，只有从源头把好关，保证优质专利的授权和后期的运用、保护和管理，才能促进知识产权产业健康发展，从根本上保证科技成果的有效转化。当前，我国虽属知识产权大国，但并非强国，加上知识产权司法保护力度不够，严重影响了创新创业，在一定程度上影响了科技成果的有序转化。

2. 建立科学合理的利益分配机制，加强人才队伍和宣传建设

合理的利益分配机制对保护合作各方利益、调动各方积极性至关重要，其中高校科技成果转化利益分配机制尤为关键。譬如，制定或完善科技成果转化中的利益分配计算办法、计算基数、补救措施、高校与院系和科研人员之间的利益分配比例等。

充分发挥各类创新人才培养示范作用，依托有条件的地方和机构建设一批技术转移人才培养基地，加快培养科技成果转移转化领军人才。另外，通过各种方式宣传政府、科研院所、高校、企业进行科技成果转化的过程和益处，借助网络媒体、平面媒体、电视媒体、纸质媒体、社交软件等扩大宣传范围，增加科技成果转移转化的机会。

3. 建立科技成果评估机制，降低无形资产评估成本

由于科技成果具有无形资产的独特性，其价值难以准确确定，操作时又缺乏科学合理的评估标准和原则，导致交易价格难以确定，为后期合作方成功转化埋下交易隐患。因此，建立一套规范的科技成果价格评估体系，降低评估成本，保证双方的合理利益，有利于科技成果的顺利转化。

4. 简化转化程序，缩短科研成果与产业化距离

科技成果转化是一项系统工程，具体应用时一般都需要经过立项、审批、备案等程序。因此，通过修改合作研发协议标准，精简需要提供的文件资料并加快审查、备案（或不备案）流程，实施新的许可项目，制定能够预先缓解企业对总成本担忧的制度，对文件流转情况进行详细分析，缩短技术转移进程，在一定程度上可以促进科技成果的迅速转化。

5. 建立科技成果转化大数据，加强绩效评价与跟踪

在美国，转化机构都会建立技术转移数据库平台，平台里面包含技术转移相关信息，相关人员可快速查询知识产权信息和相关学术报告。该数据平台还能直接与行业网站和政府数据平台相关联。同时，平台还制定了多个绩效评价指标作为跟踪技术转移重要性的原始基础，可以为

转化主体提供更完整、更精确的评价指标，利于绩效考核与管理，实现成果转化。

在我国，随着“互联网+”战略和大数据产业的发展与推动，信息与数据的搜集、发布、共享对一个产业的发展越来越重要。因此，建立国家科技成果大数据和信息系统，制定科技成果信息采集规范、促使数据资源互联互通、完善信息共享机制，将会对科技成果的转化起重要作用。

科技成果转移转化涉及产业链的全过程，没有法制保障、政府扶持、资金投入、科学管理、人才培养等顶层设计，很难保证科技成果转化的有效实现。长期以来，我国大部分科研院所、高校、企业、中介机构因多种因素的制约，使得很多先进技术成果未能进行有效转化，在一定程度上阻碍了我国实体经济的快速发展。因此，只有建立健全法律法规体系，加大政府扶持力度，完善产业配套机制，提升市场服务能力，鼓励企业勇于创新，推动高校、科研院所、中介机构协同创新发展，才能真正加快我国科技成果的转移转化，促进经济健康快速发展，逐步形成“科学研究——成果转化——技术开发——生产应用”为一体的高效科技研发机制。

第二节　国外典型发达国家科技成果转化运行模式

一、美国科技成果转化运行模式

（一）政府立法引导转化

为了促进科技成果转化，美国制定了一系列促进科技成果转化的法案，构建了比较完善的法律体系。如1980年颁布的《拜杜法案》（Bayh－Dole Act）、《史蒂文森法案》《不德勒技术创新法案》，1982年颁布的《小企业创新开发法案》，1986年颁布的《联邦技术转让法案》，

1988 年颁布的《贸易与竞争法案》，1989 年颁布的《国家竞争性技术转移法》，1996 年颁布的《国家技术转移与升级法》，2000 年颁布的《技术转移商业法案》，2013 年颁布的《创新法案》等。这些法案为美国的技术转移和科技成果转化奠定了完善的法律保护体系。

其中，1980 年颁布的《拜杜法案》对美国产生了重大影响。《拜杜法案》的主要内容是允许美国联邦政府资助的科研项目以及联邦政府合同下的科研项目所产生的知识产权归大学、非营利组织、小企业所有，政府只保留介入权，大学、非营利组织、小企业承担确保这些科技成果商业化的义务。法案颁布之前，政府经费支持的相关发明专利归政府所有，法案颁布之后，实行“谁研究，谁收益”，政府经费支持的相关发明专利归发明者所在的研究机构所有。与此同时，高校科技成果产业化取得突破性进展。

（二）设立专业机构转化

美国政府设立了多家官方转化机构促进科学与技术研发，其中最重要的是美国国家标准化技术研究院（NIST）、美国国家海洋和大气管理局（NOAA）、美国国家电信和信息管理局下属的电信科学研究所（ITS）三个联邦实验室。

NIST 的前身是 1901 年美国商务部设立的国家标准局（NBS），主要从事物理、生物和工程方面的基础和应用研究，以及测量技术和测量方法方面的研究，提供标准、标准参考数据及有关服务，是美国标准化发展的技术后方。NIST 主要以指导、培训、记录、合作等形式促进知识转移，通过企业或其他组织形式实现技术商业化。

NOAA 是于 1970 年 10 月 3 日由尼克松总统建议，将原有的三个政府部门“美国海岸测量局”（1807 年成立）、“气象局”（1870 年成立）和“渔业管理局”（1871 年成立）收编成立的，划归美国商务部管辖。NOAA 主要以预测气候、天气、海洋和海岸的变化，共享这些知识与信息，进行海洋科技成果的转化。

ITS 主要通过合作研发、出版技术刊物、建立电信行业标准进行知识成果的转化。

（三）设立中介机构转化

在美国，高校通常会建立由法律、商业和专门人才组成的中介机构进行成果转化，如哥伦比亚大学的“创新企业”、哈佛大学的“技术与商标许可办公室”、美国中部的“十校联盟”等。这些中介机构在推动科技成果转化方面发挥了积极的作用。①

（四）高校成立技术转移中心自主转化

美国的科技成果转化主要靠高校。美国高校的科技成果转化率和收益都位居世界前列，大学技术向产业界的转移被认为是美国 20 世纪 90 年代高新技术快速增长的关键。在斯坦福大学，学校规定科技成果统一由学校设立的技术转化中心来实施转化工作，该转化中心由专职工作人员、律师、评估师组成，主要针对发明进行价值评估并提供制定相关知识产权保护与转让方面的法律服务。②

（五）产学研合作转化

科技成果转化是技术向产品转型的过程，在科技成果转化过程中存在多个利益主体。其中，大学和科研机构具有较强的研究能力，并掌握着技术，企业具备生产能力却缺乏创新技术或创意。由于这两个利益主体的理念不同，研究机构研发出的技术与市场的需求大相径庭，为此，美国政府专门制定了《国家合作研究法》，以推动产学研企合作，使科

---

① 敬培胜，赵先柱，黄国琼，等．国外科技成果转化对策研究［J］．科技成果纵横，2008，（3）．

② 敬培胜，赵先柱，黄国琼，等．国外科技成果转化对策研究［J］．科技成果纵横，2008，（3）．

技项目成果顺利转化成商品。①

二、德国科技成果转化运行模式②

（一）政府宏观调控扶持转化

在德国，政府宏观调控模式一方面体现在立法、政策引导上；另一方面就是政府投入大量资金加大科技园区的建设。自1983年起，德国政府采取专项投资的办法，在全国范围内建立了80多个类似科技园区的科技中心或创新中心，促进科技成果转移转化。园区建成以后，政府通过制定大量的优惠政策鼓励大学毕业生和企业家进入园区创办企业，促进园区企业快速发展，最终达到转化目的。

（二）设立中介机构转化

在中介机构进行转化的过程中，德国政府与经济界紧密合作，通过政府部门、行业协会及金融机构等构建中小企业社会化服务体系网。网络体系建成以后再将科技型企业引入服务平台，借助平台优势帮助企业进行科技成果转化。

（三）政府、银行和企业合作转化

为解决转化主体资金压力问题，德国政府设立专门负责部门，并联合银行资本、风投基金，在企业设立转化中心促进本国科技成果转化。中心建设的费用由政府、国家银行和企业按一定比例分担。中心不以盈利为主要目的，免费为转化企业提供咨询服务。

---

① 敬培胜，赵先柱，黄国琼，等．国外科技成果转化对策研究［J］．科技成果纵横，2008，(3)．

② 敬培胜，赵先柱，黄国琼，等．国外科技成果转化对策研究［J］．科技成果纵横，2008，(3)．

（四）工业实验室直接转化

在德国，大多数企业从技术研发到产品生产、销售都在自己的工业实验室内完成。工业实验室体现了科学研究活动的多元化特征，开创了工业开发和利用科学的制度，并形成一种新的工业共同体研发模式。因此，德国科技成果的转化率非常高，而且都非常顺利。

三、美国、德国科技成果转化的主要特点

（一）法律法规及政策保障力度大

美、德两国科技成果转化率之所以非常高，根本原因是有着完善的国家法律法规及政策保障体系。美国《拜杜法案》明确了知识产权的归属，允许大学和非营利组织将其拥有的专利向企业转让或发放许可，从而推进了联邦政府有关部门和其下属的联邦实验室的技术转移，对美国后期的经济发展产生了积极影响。

（二）充分发挥政府在转化中的宏观调控作用

美、德两国在科技成果转化过程中无一例外地得到了政府的大力支持。政府充分发挥了其特有的保护、促进和监督职能：通过颁布一系列的科技法规及政策发挥其对利益各方的保护职能，通过建立技术转移中介和风险投资等机构发挥其促进职能，通过建立技术评估体系发挥其监督职能。

（三）将高校作为科技成果转移转化的主要运营者，并设立严格的管理制度

美、德两国的高校大部分都设有专门的机构来负责技术转移转化工作，同时还建立了严格的管理制度。如美国多数高校规定，只要是利用高校资源或是其研究范围内的创造发明，其专利权均归学校享有，发明

人或转化人不能享有该专利的所有权。另外，创造该成果的教职员工随着科技成果转化进程，可以长期为企业提供顾问价值性的服务，或者担任独立董事提供价值性的服务，该服务一般不超过5年。但是创造该科技成果的人员不得在企业里兼任董事长、首席执行官、首席财务官、首席技术官等职位的工作，否则学校将劝其退出教师的岗位①。

（四）注重专门人才的培养，建立合理的利益分配机制

为了促进高校的技术转移和成果转化，美国高校会从社会上招聘具有专业知识和丰富经验的专家从事相关工作，并给予编制和丰厚报酬。夏威夷大学规定，对于任何利用学校经费、设备、基础设施及人员所取得的创造发明，其所有权由学校享有，但专利利益的2/3给发明人；若不使用大学的资源，又不属于本身研究范围之内的创造发明，则所有权由发明人自己拥有。斯坦福大学规定，技术转移收益，学校除收取专利申请和维护费用之外，不再提取任何收益，采取“放水养鱼”政策。麻省理工学院规定，技术转让收入的15%用于技术发展，其余由专利发明人、所在系和学校各拿1/3②。

---

① 易红郡．美国高等院校技术转移的成功经验初探［J］．比较教育研究，2002，23（2）．

② 易红郡．美国高等院校技术转移的成功经验初探［J］．比较教育研究，2002，23（2）．

第七章

我国科技成果转化政策分析

科 技 成 果 评 价

我国在国家及部委层面、地方层面均有一系列的科技成果转化政策。

第一节　国家政策

随着科技体制改革的持续发力，尤其是资源配置、计划管理、科技成果转化等方面重大改革措施的出台，以及大众创业、万众创新局面的兴起，将科技成果转化为现实生产力的速度在加快。2015 年，国家技术转移示范机构增至 453 家，技术（产权）交易机构 30 家，技术交易总额达到 9835 亿元，同比增加约 14.7%。

国务院 2016 年 2 月印发的《实施〈中华人民共和国促进科技成果转化法〉若干规定》（以下简称《规定》）提出了更明确的操作措施，强调要打通科技与经济相结合的通道，促进大众创业、万众创新，鼓励研究开发机构、高等院校、企业等创新主体及科技人员转移转化科技成果，推进经济提质增效升级。《规定》鼓励研究开发机构、高等院校通过转让、许可或者作价投资等方式，向企业或者其他组织转移科技成果。国家设立的研究开发机构、高等院校应当建立健全技术转移工作体系和机制，其持有的科技成果，可以自主决定转让、许可或者作价投资，除涉及国家秘密、国家安全外，不需审批或者备案。

国务院办公厅 2016 年 4 月印发的《促进科技成果转移转化行动方案》中，对实施促进科技成果转移转化行动做出部署。“十三五”期间，推动一批短中期见效、有力带动产业结构优化升级的重大科技成果转化应用，企业、高校和科研院所科技成果转移转化能力显着提高，市场化的技术交易服务体系进一步健全，科技型创新创业蓬勃发展，专业化技术转移人才队伍发展壮大，多元化的科技成果转移转化投入渠道日益完善，科技成果转移转化的制度环境更加优化，全面建成功能完善、运行高效、市场化的科技成果转移转化体系。“十三五”期间的主要目标：建设100个示范性国家技术转移机构，支持有条件的地方建设10个科技成果转移转化示范区，在重点行业领域布局建设一批支撑实体经济发展的众创空间，建成若干个技术转移人才培养基地，培养1万名专业化技术转移人才，全国技术合同交易额力争达到2万亿元。

目前我国通过系统性部署、全链条设计，修订《中华人民共和国促进科技成果转化法》，印发《实施〈中华人民共和国促进科技成果转化法〉若干规定》，发布了《促进科技成果转移转化行动方案》，完成了从修法、制定配套政策到部署具体行动的科技成果转移转化，初步形成了具有中国特色的促进科技成果转化政策法规体系。如表7－1所示。

表7－1　国家科技成果转化政策

发布日期	发布单位	名称
2015年8月29日	全国人民代表大会常务委员会	《中华人民共和国促进科技成果转化法(2015年修订)》
2016年2月26日	国务院	《实施〈中华人民共和国促进科技成果转化法〉若干规定》
2016年4月21日	国务院办公厅	《促进科技成果转移转化行动方案》
2016年7月28日	国务院	《“十三五”国家科技创新规划》

数据来源：公开资料，联盟整理，数据截至2018年1月。

一、《中华人民共和国促进科技成果转化法》(2015年修订)

《全国人民代表大会常务委员会关于修改＜中华人民共和国促进科技成果转化法＞的决定》（以下简称《修改决定》）于2015年8月29日由十二届全国人大常委会第十六次会议审议通过。同日，国家主席习近平签署第三十二号主席令予以公布。《修改决定》自2015年10月1日起施行，这是对促进科技成果转化法颁布实施近20年来的第一次重要修改。

它立足我国当前促进科技成果转化工作面临的新情况、新问题，按照中共中央国务院《关于深化体制机制改革加快实施创新驱动发展战略的若干意见》的要求，在总结改革试点经验的基础上，着力解决当前制约科技成果转化的突出问题，对现行促进科技成果转化法做了重要补充和完善。

修改重点是对现行法的补充完善，进一步增强法律规范的可操作性和与相关法律的衔接。本次修改，尽管从条文数量上看，修改的内容比较多，但主要是对现行法律规定的补充完善，此次修改采取的是部分修正的模式。切实解决各方面广泛关注、制约科技成果转化的关键性制度问题，增强法律的可操作性、可执行性。

修订后的《促进科技成果转化法》新增、调整了科技成果转化约30余项管理制度，主要亮点集中在九个方面，如表7－2所示。

表7－2　修订后的《促进科技成果转化法》九大亮点

序号	主要亮点
1	科技成果信息发布更为方便。科技成果供求双方信息交流不够通畅是影响科技成果转化的突出问题。本次修改后的《中华人民共和国促进科技成果转化法》第十一条规定，国家建立、完善科技报告制度和科技成果信息系统，向社会公布科技项目实施情况以及科技成果和相关知识产权信息，提供科技成果信息查询、筛选等公益服务。公布有关信息不得泄露国家秘密和商业秘密。对不予公布的信息，有关部门应当及时告知相关科技项目承担者。利用财政资金设立的科技项目的承担者应当按照规定及时提交相关科技报告，并将科技成果和相关知识产权信息汇交到科技成果信息系统。国家鼓励利用非财政资金设立的科技项目的承担者提交相关科技报告，将科技成果和相关知识产权信息汇交到科技成果信息系统，县级以上人民政府负责相关工作的部门应当为其提供方便。同时，第四十六条增加了相应的法律责任

续表

序号	主要亮点
2	保障科研人员50%的收益下限。对科研人员的激励与分配是此次修正案的最大亮点。修正案中，将原法律的第二十九条、第三十条合并，作为第四十五条，修改为：科技成果完成单位未规定，也未与科技人员约定奖励和报酬的方式和数额的，按照下列标准对完成、转化职务科技成果做出重要贡献的人员给予奖励和报酬：①将该项职务科技成果转让、许可给他人实施的，从该项科技成果转让净收入或者许可净收入中提取不低于50%的比例；②利用该项职务科技成果作价投资的，从该项科技成果形成的股份或者出资比例中提取不低于50%的比例；③将该项职务科技成果自行实施或者与他人合作实施的，应当在实施转化成功投产后连续3～5年，每年从实施该项科技成果的营业利润中提取不低于5%的比例
3	科技成果处置权、使用权和管理权的下放。2011年以来，财政部、科技部等部门开展中央级事业单位科技成果使用、处置和收益管理改革试点。2015年，中共中央国务院《关于深化体制机制改革加快实施创新驱动发展战略的若干意见》也对“三权改革”予以明确，提出单位主管部门和财政部门对科技成果在境内的使用、处置不再审批或备案，科技成果转移转化所得收入全部留归单位，纳入单位预算，实行统一管理，处置收入不上缴国库。修正案第十八条规定，国家设立的研究开发机构、高等院校对其持有的科技成果，可以自主决定转让、许可或者作价投资。第四十三条规定，国家设立的研究开发机构、高等院校转化科技成果所获得的收入全部留归本单位，在对完成、转化职务科技成果做出重要贡献的人员给予奖励和报酬后，主要用于科学技术研究开发与成果转化等相关工作

续表

序号	主要亮点
4	强化了企业在科技成果转化中的主体作用。把握好技术创新的市场规律，让市场成为优化配置创新资源的主要手段，让企业成为技术创新的主要力量。为了促进科研与市场的结合，进一步发挥企业在科技成果转化中的主体作用，增强科技进步对经济发展的贡献度，营造大众创业、万众创新的制度环境。修正案中增加一条，作为第十条：利用财政资金设立应用类科技项目和其他相关科技项目，有关行政部门、管理机构应当改进和完善科研组织管理方式，在制定相关科技规划、计划和编制项目指南时应当听取相关行业、企业的意见。将第十条改为第二十二条：企业为采用新技术、新工艺、新材料和生产新产品，可以自行发布信息或者委托科技中介服务机构征集其所需的科技成果，或者征寻科技成果转化的合作者。“县级以上地方各级人民政府科学技术行政部门和其他有关部门应当根据职责分工，为企业获取所需的科技成果提供帮助和支持。”增加一条，作为第二十四条：“对利用财政资金设立的具有市场应用前景、产业目标明确的科技项目，政府有关部门、管理机构应当发挥企业在研究开发方向选择、项目实施和成果应用中的主导作用，鼓励企业、研究开发机构、高等院校及其他组织共同实施。”将第十二条改为第二十五条：国家鼓励研究开发机构、高等院校与企业相结合，联合实施科技成果转化
5	支持建设公共研究开发平台。为了加强科技成果转化服务，为科技成果转化创造更加良好的环境，将第十六条、第十七条合并作为第三十条，增加以下规定：国家培育和发展技术市场，鼓励创办科技中介服务机构，为技术交易提供交易场所、信息平台以及信息检索、加工与分析、评估、经纪等服务。“科技中介服务机构提供服务，应当遵循公正、客观的原则，不得提供虚假的信息和证明，对其在服务过程中知悉的国家秘密和当事人的商业秘密负有保密义务。”将第十九条改为第三十一条：“国家支持根据产业和区域发展需要建设公共研究开发平台，为科技成果转化提供技术集成、共性技术研究开发、中间试验和工业性试验、科技成果系统化和工程化开发、技术推广与示范等服务。”增加一条，作为第三十二条：国家支持科技企业孵化器、大学科技园等科技企业孵化机构发展，为初创期科技型中小企业提供孵化场地、创业辅导、研究开发与管理咨询等服务

续表

序号	主要亮点
6	推动科技成果转化资金多元化发展。修正案中明确，国家对科技成果转化要合理安排财政资金投入，引导社会资金投入，推动科技成果转化资金投入多元化发展，将第二十一条改为第三十三条："科技成果转化财政经费，主要用于科技成果转化的引导资金、贷款贴息、补助资金和风险投资以及其他促进科技成果转化的资金用途。"将第二十二条改为第三十四条："国家依照有关税收法律、行政法规规定对科技成果转化活动实行税收优惠。"将第二十三条改为第三十五条：国家鼓励银行业金融机构在组织形式、管理机制、金融产品和服务等方面进行创新，鼓励开展知识产权质押贷款、股权质押贷款等贷款业务，为科技成果转化提供金融支持。"国家鼓励政策性金融机构采取措施，加大对科技成果转化的金融支持。"增加一条，作为第三十六条："国家鼓励保险机构开发符合科技成果转化特点的保险品种，为科技成果转化提供保险服务。"增加一条，作为第三十七条："国家完善多层次资本市场，支持企业通过股权交易、依法发行股票和债券等直接融资方式为科技成果转化项目进行融资。"增加一条，作为第三十八条：国家鼓励创业投资机构投资科技成果转化项目。"国家设立的创业投资引导基金，应当引导和支持创业投资机构投资初创期科技型中小企业。"
7	简政放权、适应政府职能转变。修改后的《中华人民共和国促进科技成果转化法》共六章（总则、组织实施、保障措施、技术权益、法律责任、附则），52 条，比修改前 37 条约增加了 40% 的内容，同时也删除了涉及政府审批、政府职能等方面的条款。例如，原第十六条规定，国家设立的研究开发机构、高等院校和国有企业与中国境外的企业、其他组织或者个人合作进行科技成果转化活动，必须按照国家有关规定对科技成果的价值进行评估。这一条在修改后的法律中予以删除。同样涉及国家评估、审批、纳入地方或国家规划的原第十九条、二十条也被删除了。原第十四条中科研人员与单位协议进行成果转化有一附加条件，即"未能适时地实施转化的"，但在实际操作过程中却很难界定，修改版删除了这一限定

续表

序号	主要亮点
8	推动军民科技成果相互转移、转化。军民科技成果相互转移、转化是科技成果转化的一项重要内容。党的十八大报告提出，《中共中央关于全面深化改革若干重大问题的决定》中提出，推动军民融合深度发展。在国家层面建立推动军民融合发展的统一领导、军地协调、需求对接、资源共享机制。健全国防工业体系，完善国防科技协同创新体制，改革国防科研生产管理和武器装备采购体制机制，引导优势民营企业进入军品科研生产和维修领域。修正案第十四条对推动军民科技成果相互转移转化做出规定：国家建立有效的军民科技成果相互转化体系，完善国防科技协同创新体制机制。军品科研生产应当依法优先采用先进适用的民用标准，推动军用、民用技术相互转移、转化
9	完善科技人员考核评价体系。研究开发机构、高等院校中重研发、轻转化的现象比较普遍，修正案第二十条规定，研究开发机构、高等院校的主管部门以及财政、科学技术等相关行政部门应当建立有利于促进科技成果转化的绩效考核评价体系，将科技成果转化情况作为对相关单位及人员评价、科研资金支持的重要内容和依据之一，并对科技成果转化绩效突出的相关单位及人员加大科研资金支持。国家设立的研究开发机构、高等院校应当建立符合科技成果转化工作特点的职称评定、岗位管理和考核评价制度，完善收入分配激励约束机制

信息来源：公开资料，联盟整理。

二、《“十三五”国家科技创新规划》

在《“十三五”国家科技创新规划》中明确指出，完善科技成果转移转化机制，要从以下几个方面着手，如图 7－1 所示。

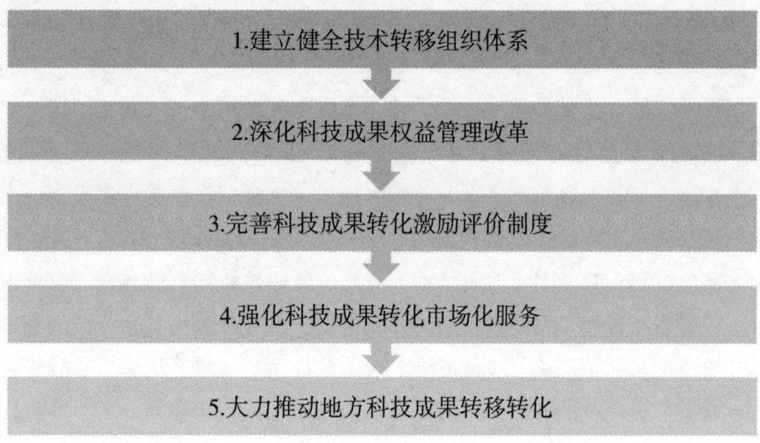

图 7－1　完善科技成果转移转化机制主要工作

信息来源：《"十三五"国家科技创新规划》，联盟整理。

（一）建立健全技术转移组织体系

推动高等学校、科研院所建立健全技术转移工作体系和机制，加强专业化科技成果转化队伍建设，优化科技成果转化流程，通过本单位负责技术转移工作的机构或者委托独立的科技成果转化服务机构开展技术转移。鼓励高等学校、科研院所在不增加编制的前提下建设专业化技术转移机构，培育一批运营机制灵活、专业人才集聚、服务能力突出、具有国际影响力的国家技术转移机构。建立高等学校和科研院所科技成果与市场对接转化渠道，推动科技成果与产业、企业技术创新需求有效对接。支持企业与高等学校、科研院所联合设立研发机构或技术转移机构，共同开展研究开发、成果应用与推广、标准研究与制定等。建立和完善国家科技计划形成科技成果的转化机制，发布转化一批符合产业转型升级方向、投资规模与产业带动作用显著的科技成果包，增强产业创新发展的技术源头供给。建立国家科技成果信息系统，加强各类科技成果信息汇交，鼓励开展科技成果数据挖掘与开发利用。

（二）深化科技成果权益管理改革

落实高等学校、科研院所对其持有的科技成果可以自主决定转让、许可或者作价投资的权利，除涉及国家秘密、国家安全外，不需审批或者备案。高等学校、科研院所有权依法以持有的科技成果作价入股确认股权和出资比例，并通过发起人协议、投资协议或者公司章程等形式对科技成果的权属、作价、折股数量或者出资比例等事项明确约定，明晰产权。科技成果转化所获得的收入全部留归单位，扣除对完成和转化职务科技成果做出重要贡献人员的奖励和报酬后，应当主要用于科学技术研发与成果转化等相关工作，并对技术转移机构的运行和发展给予保障。进一步探索推进科技成果归属权益改革。建立健全科技成果向境外转移管理制度。

（三）完善科技成果转化激励评价制度

积极引导符合条件的国有科技型企业实施股权和分红激励政策，落实国有企事业单位成果转化奖励的相关政策。完善职务发明制度，推动修订专利法、公司法，完善科技成果、知识产权归属和利益分享机制。高等学校、科研院所对科技成果转化中科技人员的奖励应不低于净收入的 50%，在研究开发和科技成果转化中做出主要贡献的人员获得奖励的份额不低于奖励总额的 50%。对于担任领导职务的科技人员获得科技成果转化奖励，按照分类管理的原则执行。健全职务发明的争议仲裁和法律救济制度。

高等学校、科研院所的主管部门以及财政、科技等相关部门，在对单位进行绩效考评时应当将科技成果转化的情况作为评价指标之一。加大对科技成果转化绩效突出的高等学校、科研院所及人员的支持力度，相关主管部门以及财政、科技等相关部门根据单位科技成果转化年度报告情况等，对单位科技成果转化绩效予以评价，并将评价结果作为对单位予以支持的依据之一。高等学校、科研院所制定激励制度，对业绩突出的专业化技术转移机构给予奖励。高等学校、科研院所应向主管部门报送科技成果转化年度报告。

（四）强化科技成果转化市场化服务

以“互联网+”科技成果转移转化为核心，以需求为导向，打造线上与线下相结合的国家技术交易网络平台，提供信息发布、融资并购、公开挂牌、竞价拍卖、咨询辅导等专业化服务。完善技术转移区域中心、国际技术转移中心布局与功能，支持地方和有关机构建立完善区域性、行业性技术市场，打造连接国内外技术、资本、人才等创新资源的技术转移网络。完善技术产权交易、知识产权交易等各类平台功能，促进科技成果与资本的有效对接。支持有条件的技术转移机构与天使投资、创业投资等开展如设立投资基金等合作，加大对科技成果转化项目的投资力度。

（五）大力推动地方科技成果转移转化

健全省、市、县三级科技成果转化工作网络，强化科技管理部门开展科技成果转移转化工作职能。以创新资源集聚、工作基础好的省区市为主导，依托国家自主创新示范区、高新区、农业科技园区、创新型城市等，建设国家科技成果转移转化示范区，探索形成一批可复制、可推广的工作经验与模式。支持地方建设通用性或行业性技术创新服务平台，搭建科技成果中试与产业化载体，开展研发设计、中试熟化、检验检测、知识产权、投融资等服务。

促进科技成果转移转化行动

推动一批见效快、产业升级带动力强的重大科技成果转化应用，显著提高企业、高等学校和科研院所科技成果转移转化能力，进一步健全市场化的技术交易服务体系，推动科技型创新创业，发展壮大专业化技术转移人才队伍，建立完善多元化的科技成果转移转化投入渠道，全面建成功能完善、运行高效、市场化的科技成果转移转化体系。

第二节　部委政策

截至2017年年底，教育部、科技部、国土资源部、农业部、交通运输部、国家卫生和计划生育委员会、质检总局、食品药品监管总局等多个部委已制定针对其监管领域内的科技成果转化政策。如表7－3所示。

表7－3　部委科技成果转化政策

发布日期	发布单位	法律名称
2015年12月16日	国防科工局	《国防科工局关于促进国防科技工业科技成果转化的若干意见》
2016年8月3日	教育部、科技部	《教育部、科技部关于加强高等学校科技成果转移转化工作的若干意见》
2016年8月22日	中科院、科技部	《中国科学院关于新时期加快促进科技成果转移转化指导意见》
2016年9月1日	国土资源部	《国土资源部促进科技成果转化暂行办法》
2016年9月30日	卫计委、科技部、食药监、中医药局、军委后勤保障部卫生局	《关于加强卫生与健康科技成果转移转化工作的指导意见》
2016年12月12日	农业部	《农业部深入实施〈中华人民共和国促进科技成果转化法〉若干细则》
2017年3月17日	质检总局	《质检总局关于促进科技成果转化的指导意见》
2017年4月24日	交通运输部	《交通运输部促进科技成果转化暂行办法》
2017年8月22日	食品药品监管总局	《食品药监管总局关于促进科技成果转化的意见》
2017年10月10日	科技部	《国家科技成果转移转化示范区建设指引》

信息来源：公开资料，联盟整理，数据截至2017年年底。

第三节　地方政策

除宁夏和西藏，全国29个省市根据修订后的《中华人民共和国促进科技成果转化法》制定了新的科技成果转化政策，包括科技成果转化地方条例、行动方案、实施意见、财税激励等政策。如表7－4所示。

北京作为最早开展股权激励试点的城市，其制定的科技成果转化政策为国家修订《中华人民共和国促进科技成果转化法》提供了一定的参考，因此其具体的政策措施也早于《中华人民共和国促进科技成果转化法》的修改时间。早在2014年发布的《加快推进科研机构科技成果转化和产业化的若干意见（试行）》中，北京就提出要强化科研人员激励机制，要“建立科研人员成果转化收益分配机制，经职工代表大会同意，科研机构可提取70%及以上的转化所得收益，划归科技成果完成人以及对科技成果转化做出重要贡献的人员所有”。

宁夏、西藏虽尚未发布与科技成果转化直接相关的政策，但相关政策也在制定过程中。宁夏发布的《宁夏科技创新“十三五”发展规划》中提出要加快促进科技成果转化。西藏在《关于推进西藏科技长足发展促进大众创业万众创新的意见》中也表示要将修订《西藏自治区实施〈中华人民共和国促进科技成果转化法〉办法》纳入工作安排中。

表7－4　地方科技成果转化政策

省份	发布日期	发布单位	法律名称
浙江	2015年8月31日	浙江省人民政府办公厅	《浙江省人民政府办公厅关于进一步加强技术市场体系建设促进科技成果转化产业化的意见》
	2017年3月30日	浙江省人大常委会办公厅	《浙江省促进科技成果转化条例（修订）》

续表

省份	发布日期	发布单位	法律名称
浙江	2017 年 6 月 15 日	浙江省人民政府办公厅	《浙江省建设国家科技成果转移转化示范区实施方案（2017—2020 年）》
山东	2016 年 7 月 19 日	山东省人民政府	《推动资本市场发展和重点产业转型升级财政政策措施》
	2017 年 12 月 1 日	山东省人大常委会	《山东省促进科技成果转化条例（2017 年修订）》
	2017 年 12 月 29 日	山东省人民政府办公厅	《山东省人民政府办公厅关于进一步促进科技成果转移转化的实施意见》
河北	2016 年 9 月 22 日	河北省人大常委会	《河北省促进科技成果转化条例》
	2016 年 9 月 22 日	河北省人民政府办公厅	《河北省促进科技成果转移转化行动计划（2016—2020 年）》
	2017 年 8 月 7 日	河北省人民政府办公厅	《河北・京南国家科技成果转移转化示范区建设实施方案（2017—2020 年）》
	2017 年 12 月 30 日	河北省科学技术厅	《支持中央驻冀科研院所科技成果转化的若干措施（试行）》
广东	2015 年 2 月 15 日	广东省科学技术厅、广东省财政厅	《关于科技创新券后补助试行方案》
	2016 年 11 月 8 日	广东省人民政府办公厅	《广东省人民政府办公厅关于进一步促进科技成果转移转化的实施意见》
	2016 年 12 月 1 日	广东省人大常委会	《广东省促进科技成果转化条例》（修订）

续表

省份	发布日期	发布单位	法律名称
天津	2016年12月16日	天津市科学技术委员会	《关于促进科技成果转移转化的行动方案》
	2017年7月26日	天津市人大常委会	《天津市促进科技成果转化条例（2017年修订）》
上海	2015年11月5日	上海市人民政府办公厅	《关于进一步促进科技成果转移转化的实施意见》
	2017年4月20日	上海市人大常委会	《上海市促进科技成果转化条例》
	2017年5月29日	上海市人民政府办公厅	《上海市促进科技成果转移转化行动方案（2017—2020）》
北京	2014年1月9日	北京市人民政府办公厅	《加快推进高等学校科技成果转化和科技协同创新若干意见（试行）》
	2014年6月9日	北京市人民政府办公厅	《加快推进科研机构科技成果转化和产业化的若干意见（试行）》
	2016年11月2日	北京市人民政府办公厅	《北京市促进科技成果转移转化行动方案》
江苏	2016年7月11日	江苏省人民政府办公厅	《江苏省促进科技成果转移转化行动方案》
	2016年8月15日	江苏省人民政府	《关于加快推进产业科技创新中心和创新型省份建设的若干政策措施》
	2017年9月27日	江苏省财政厅、江苏省科学技术厅	《江苏省科技成果转化专项资金管理办法（暂行）》
辽宁	2015年11月11日	辽宁省人民政府	《辽宁省人民政府关于进一步促进科技成果转化和技术转移的意见》

续表

省份	发布日期	发布单位	法律名称
辽宁	2016 年 4 月 29 日	辽宁省人民政府	《辽宁省人民政府关于进一步做好促进科技成果转化和技术转移工作的通知》
福建	2015 年 7 月 9 日	福建省科学技术厅、福建省知识产权局、福建省财政厅	《福建省科技成果购买补助项目管理实施细则》
	2016 年 8 月 3 日	福建省人民政府	《福建省进一步促进科技成果转移转化的若干规定》
	2017 年 11 月 24 日	福建省人大常委会	《福建省促进科技成果转化条例》
海南	2015 年 12 月 25 日	海南省人民政府办公厅	《海南省促进省属高等院校和科研院所科技成果转化的若干意见（试行）》
	2016 年 11 月 15 日	海南省人民政府办公厅	《海南省促进科技成果转移转化专项行动实施方案》
湖北	2015 年	湖北省科技厅	《湖北省科技成果大转化工程（2015—2017）实施方案》
	2016 年 7 月 28 日	湖北省人大常委会	《湖北省自主创新促进条例》
	2017 年 3 月 1 日	湖北省科技厅	《湖北省科技成果大转化工程 2017 年工作方案》
	2017 年 6 月 12 日	湖北省人民政府办公厅	《湖北省促进科技成果转移转化行动方案》
河南	2016 年 12 月 24 日	河南省人民政府办公厅	《河南省促进科技成果转移转化工作实施方案》

续表

省份	发布日期	发布单位	法律名称
河南	2017年10月17日	河南省委 河南省人民政府办公厅	《关于实行以增加知识价值为导向分配政策的实施意见》
黑龙江	2016年8月23日	黑龙江省委 黑龙江省人民政府办公厅	《中共黑龙江省委黑龙江省人民政府关于大力促进高新技术成果产业化的意见》
	2016年12月16日	黑龙江省人大常委会	《黑龙江省促进科技成果转化条例》（修订）
吉林	2016年6月1日	吉林省科技厅	《关于加快推进科技成果转移转化政策落实试点工作的通知》
	2016年10月31日	吉林省人民政府办公厅	《吉林省促进科技成果转移转化实施方案》
江西	2016年4月20日	江西省人民政府	《江西省鼓励科技人员创新创业的若干规定》
	2017年1月23日	江西省人民政府办公厅	《江西省促进科技成果转移转化行动方案（2017—2020年）》
湖南	2016年1月20日	湖南省人民政府办公厅	《湖南省促进高等院校科研院所科技成果转化实施办法》
	2017年4月28日	湖南省人民政府办公厅	《湖南省促进科技成果转移转化实施方案》
安徽	2016年8月5日	安徽省人民政府办公厅	《安徽省促进科技成果转移转化行动实施方案》
	2017年9月20日	安徽省人民政府办公厅	《安徽省促进科技成果转化实施细则（修订）》

续表

省份	发布日期	发布单位	法律名称
山西	2017 年 7 月 13 日	山西省人民政府	《山西省促进科技成果转化若干规定（试行）》
陕西	2016 年 9 月 20 日	陕西省委、陕西省人民政府	《陕西省促进科技成果转化若干规定（试行）》
	2017 年 12 月 1 日	陕西省科技厅	《陕西省促进科技成果转移转化行动方案》
广西	2015 年 9 月 23 日	广西壮族自治区人民政府办公厅	《广西科技成果转化大行动实施方案（2015—2020 年）》
	2015 年 12 月 31 日	广西壮族自治区人民政府办公厅	《关于事业单位科技成果使用处置和收益管理暂行规定》
	2016 年 12 月 2 日	广西科技厅、广西财政厅	《广西企业购买科技成果转化后补助暂行管理办法》
四川	2016 年 9 月 22 日	四川省人民政府办公厅	《四川省促进科技成果转移转化行动方案（2016—2020 年）》
重庆	2017 年 1 月 13 日	重庆市人民政府办公厅	《重庆市促进科技成果转移转化实施方案》
甘肃	2016 年 4 月 1 日	甘肃省人大常委会	《甘肃省促进科技成果转化条例》（修订）
	2016 年 9 月 28 日	甘肃省人民政府办公厅	《甘肃省促进科技成果转移转化行动方案》
云南	2016 年 8 月 3 日	云南省人民政府	《云南省人民政府关于贯彻落实国务院实施<中华人民共和国促进科技成果转化法>若干规定的实施意见》

续表

省份	发布日期	发布单位	法律名称
云南	2017年2月15日	云南省人民政府办公厅	《云南省促进科技成果转移转化实施方案》
内蒙古	2016年5月30日	内蒙古自治区人大常委会	《内蒙古自治区促进科技成果转化条例》（修正）
	2017年1月4日	内蒙古自治区人民政府	《内蒙古自治区促进科技成果转移转化八项措施》
青海	2016年12月7日	青海省人民政府办公厅	《青海省促进科技成果转移转化行动方案》
新疆	2016年9月15日	新疆委员会组织部、新疆财政厅、新疆科技厅、新疆人社厅、新疆教育厅	《关于激发科研机构和科研人员创新活力促进科技成果转化的若干政策》
	2016年9月23日	新疆兵团办公厅	《兵团促进科技成果转移转化行动方案》
	2016年12月28日	新疆自治区财政厅、科技厅	《新疆维吾尔自治区科技成果转化引导基金管理暂行办法》
贵州	2017年9月5日	贵州省人民政府办公厅	《贵州省促进科技成果转移转化实施方案》
	2017年11月30日	贵州省人大常委会	《贵州省促进科技成果转化条例》

信息来源：公开资料，联盟整理，数据截至2018年1月。

《中华人民共和国促进科技成果转化法》修订以后，最为重要的一大变化是显著提高了对成果持有人的奖励，对科技人员转化科技成果最低奖励力度由20%提升至50%。

《中华人民共和国促进科技成果转化法（2015 年修订）》第四十五条

科技成果完成单位未规定，也未与科技人员约定奖励和报酬的方式和数额的，按照下列标准对完成、转化职务科技成果做出重要贡献的人员给予奖励和报酬：

（一）将该项职务科技成果转让、许可给他人实施的，从该项科技成果转让净收入或者许可净收入中提取不低于百分之五十的比例；

（二）利用该项职务科技成果作价投资的，从该项科技成果形成的股份或者出资比例中提取不低于百分之五十的比例；

（三）将该项职务科技成果自行实施或者与他人合作实施的，应当在实施转化成功投产后连续三至五年，每年从实施该项科技成果的营业利润中提取不低于百分之五的比例。

各地出台的对科技人员转化科技成果收益奖励比例也根据修订的《中华人民共和国促进科技成果转化法》做出了更改，多数省份的奖励力度甚至超过国家标准，奖励比例占转让净收入或者许可净收入的 70%，或从实施该项科技成果的营业利润中提取不低于 10% 的比例作为奖励。

全国有超过 50% 的省市制定的科技成果转化收益奖励比例为 70%，还有部分省市的科技成果转化收益奖励比例达到 90%，甚至高达 99%。这充分体现了地方在制定政策时，最大程度地考虑了充分激励科研人员转移转化科技成果这一问题。如图 7－2、表 7－5 所示。

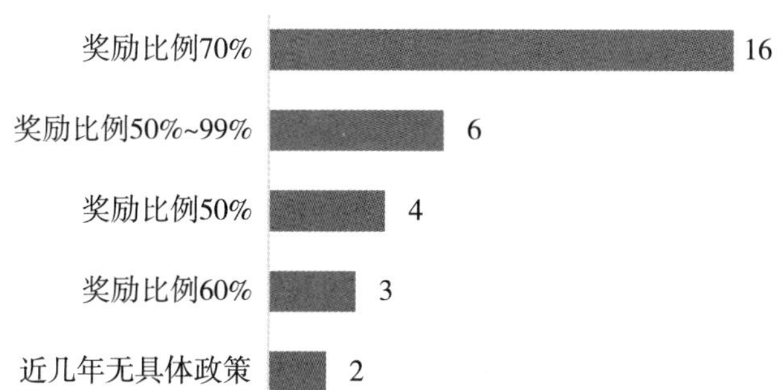

7－2　对科研人员成果转化收益奖励比例的省市数量分布

数据来源：公开资料，联盟整理，数据截至 2018 年 1 月。

表 7－5　各省市对科研人员成果转化收益奖励比例汇总分析

省份编号	地区	省市	对科研人员成果转化收益奖励比例
1	东部	浙江	70%
2	东部	山东	70%
3	东部	河北	70%
4	东部	广东	60%
5	东部	天津	50%
6	东部	上海	70%
7	东部	北京	70%
8	东部	江苏	50%
9	东部	辽宁	70%
10	东部	福建	70%
11	东部	海南	50%，70%~95%
12	中部	湖北	70%
13	中部	河南	50%
14	中部	黑龙江	70%
15	中部	吉林	50%~90%
16	中部	江西	60%~95%
17	中部	湖南	70%
18	中部	安徽	70%，90%
19	中部	山西	70%
20	西部	陕西	80%~90%
21	西部	广西	70%~99%
22	西部	四川	70%
23	西部	重庆	50%
24	西部	甘肃	60%
25	西部	云南	60%
26	西部	内蒙古	70%
27	西部	青海	70%
28	西部	宁夏	近几年无具体政策
29	西部	新疆	70%
30	西部	贵州	70%
31	西部	西藏	近几年无具体政策

50%　70%　90%

数据来源：公开资料，联盟整理，数据截至 2018 年 1 月。

注：宁夏和西藏近3年未发布科技成果转化政策。四川对科技人员成果转化收益奖励比例引自《四川省促进科技成果转化条例（修订草案稿)》，该修订稿尚未经过审议通过。

目前大部分省市都颁布了相应的科技成果补贴政策，以促进科技成果的转移转化。从补助的对象来看，有的针对科技成果转化专项项目进行补助，有的针对科技成果交易进行补助，有的针对科技成果转移转化机构进行补助，还有的针对产学研合作的科研院所进行补助。从补助方式来看，有直接的资金补助，也有采用科技创新券的补助。如表 7 -6 所示。

表 7 -6 各地科技成果转化补贴政策

省份	资金补贴政策
浙江	对通过浙江网上技术市场交易并实现产业化、成交金额在 100 万元以上的项目，在市、县（市、区）按规定补助的基础上，省财政按成果交易实际支付总额 15% 的比例给予补助，省级补助金额最高不超过 100 万元；对通过竞价（拍卖）的产业化项目，省财政按成果交易实际支付总额 20% 的比例给予补助，补助金额最高不超过 200 万元
山东	受托承担省重大科技成果转化任务、进入示范性国家技术转移机构范围的专业服务机构，省财政一次性给予最高 600 万元的奖励。在省内转化我省高校和科研院所科技成果、经认定登记的年技术合同成交额达 2000 万元以上且促成不低于 5 项重大科技成果转化的机构，省财政给予最高 50 万元的经费补助。通过技术转移转化机构成交的技术成果项目，允许相关技术转移转化机构提取不低于 10% 的成果转化收益用于人员绩效奖励
河北	对驻冀院所以转让、许可、投资入股等形式向省内转移科技成果的，按实际发生技术合同额的 5% 给予奖励。同时，按实际发生技术合同额的 2% 给予科技成果吸纳方奖励。奖励资金最高 50 万元

续表

省份	资金补贴政策
广东	省科技厅、省财政厅联合出台《关于科技创新券后补助试行方案》，自2015年4月1号起实行。创新券实际上是一种“创新货币”，即政府向企业发放创新券，企业用创新券向研发机构、研发人员购买科技成果或研发、设计、检测等科技服务，或者购买研发设备。然后，科研服务机构和科研服务人员到地市财政部门兑现创新券
天津	对京津冀科技成果转化项目实行分档资助，资助资金额度分为30万元、50万元
江苏	省财政从2016年起3年内统筹安排省级各类资金和基金超过1000亿元，支持“一中心、一基地”建设。强化战略导向，实施省前瞻性产业技术创新专项和科技成果转化专项。省成果转化资金主要采取无偿拨款、贷款贴息和后补助（事前立项、事后补助）等方式，实行国库集中支付。对注册为独立法人并经省级备案的技术转移机构，自备案之日起，省财政连续3年给予开办经费及办公经费补助，每年分类资助30万~50万元；3年后纳入省级技术转移机构绩效考评管理序列
福建	（一）Ⅰ类成果购买补助项目：指技术交易总额为200万元（不含）以上的项目。补助标准：申请补助额度不超过企业对该项目支付的技术交易额的30%，补助额一般不超过200万元。对个别特别重大成果购买补助项目，经企业另行提出书面申请，按“一事一议”程序办理，最高补助额度不超过500万元 （二）Ⅱ类成果购买补助项目：指项目技术交易总额为50万元（不含）以上、200万元（含）以下的项目。补助标准：申请补助额度不超过企业对该项目支付的技术交易额的10% （三）Ⅲ类成果购买补助项目：指购买高等学校、科研单位中国职务发明专利，单项技术交易额为20万元（含）以上、50万元（含）以下的项目。补助标准：申请补助额度不超过企业对该项目支付的技术交易额的10%，每个企业当年最高补助额度不超过50万元

续表

省份	资金补贴政策
湖北	实行产学研合作研发项目双向补贴。省级科技部门对承担省内企业委托研发项目的在鄂高校，按照项目实际到位资金的5%～10%给予奖励支持；对委托在鄂高校技术开发并进行合同登记备案的省内企业，按照企业实际支付给高校研发费用的10%给予补贴，最高不超过100万元
吉林	积极支持企业购买科技成果，对承接省内高校、科研院所重大科技成果并在省内成功转化或购买省外高校、科研院所科技成果并在省内成功转化的企业，通过省级应用技术研究与开发资金给予最高不超过50万元的支持
山西	对在科技城内成功转化科技成果的，给予其技术合同交易额或评估值的30%，不超过200万元的补助；入驻的研发机构研发的科技成果在科技城进行中试的，经评定后给予中试费的10%～30%作为补助，单个项目补助额度不超过200万元
陕西	给予成果供给方和吸纳方总额合计30%、最高不超过150万元的后补助或贷款贴息。对省内企业自主研发生产并投向市场的首台套产品，按首台套产品销售价格的5%给予奖励，最高不超过50万元
广西	（一）Ⅰ类项目：指购买科技成果进行产业化，实现年新增销售收入在500万元以下的项目。补助标准：补助技术交易金额的20%，单项成果补助额度不超过200万元及年新增销售收入 （二）Ⅱ类项目：指购买科技成果进行产业化，实现年新增销售收入在500万元（含）至1000万元的项目。补助标准：补助技术交易金额的30%，单项成果补助额度不超过300万元 （三）Ⅲ类项目：指购买科技成果进行产业化，实现年新增销售收入在1000万元（含）以上的项目。补助标准：补助技术交易金额的40%，单项成果补助额度不超过400万元 （四）科技成果属于本办法第三条所述领域的项目，在原有补助的基础上，可额外增加技术交易金额10%的补助，额外补助额度不超过100万元，且总体补助额度不超过年新增销售收入 （五）成果交易双方属于隶属企业、关联企业［直接或间接同为第三者所拥有或控制股份达25%（含）以上、直接或间接持有其中一方的股份总和达到25%（含）以上、企业实际控制者为亲属关系］的，其补助比例和补助上限减半

续表

省份	资金补贴政策
内蒙古	在自治区科技成果网上交易平台实际技术交易额在100万元以下的，按10%给予补助，100万~500万元的按超额累进5%给予补助，500万元以上的按超额累进3%给予补助，最高补助限额为200万元。区内科研机构在自治区科技成果网上交易平台转让技术成果，实际技术交易额在500万元以下的，按10%给予卖方后补助，500万元以上的按超额累进5%给予补助，最高补助限额为100万元（同一项目多次转让不重复补助）。与科技成果转化相关的技术开发、技术咨询、技术服务、技术培训、技术承包、技术中介等活动，服务双方在自治区科技成果网上交易平台签订合同并发生交易费用的，按实际服务金额的10%给予区内服务受让方后补助，最高补助限额为50万元
青海	技术开发和技术转让两类技术交易，对买方按实际发生技术交易额的3%、最高不超过10万元给予补助，补助资金在财政科技专项中安排
贵州	省科技厅以科技创新券的形式，对引进科技成果、签订并执行技术转让合同的企业给予最高50万元的补助。对购买具有发明专利的核心或关键技术到我省进行产业化并取得实效的项目，给予购买专利费用的20%、最高不超过200万元的补助。对引进的重大技术（装备）中试熟化或消化吸收再创新项目，省科技厅给予最高1000万元的财政科技资金支持

数据来源：公开资料，联盟整理，仅针对省级对外公开的科技成果转化财务补助政策整理，数据截至2018年1月。

第八章

我国科技成果情况分析

科 技 成 果 评 价

自 2012 年以来，我国年度科技成果登记数量稳步提高，由 2012 年的 51 723 项增长到 2016 年的 58 779 项。其中，在《中华人民共和国促进科技成果转化法》修订以后，2015 年、2016 年的科技成果登记数量年增速分别为 4.9%、6.3%，较 2013 年、2014 年的 1.5%、1.3% 有明显提升。

第一节　2016 年我国科技成果概况

2016 年，我国科技成果登记 58779 项，其中国务院有关部门登记科技成果 10 115 项，地方登记科技成果 48 664 项，分别占成果总数的 17.21% 和 82.79%。近年来我国科技成果登记数量，如图 8-1 所示。

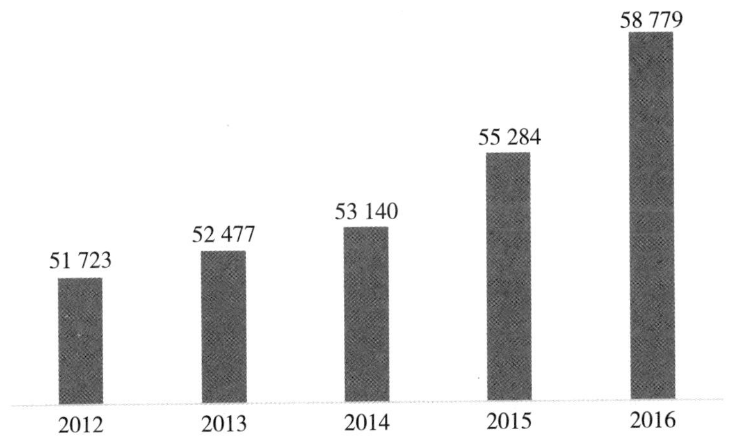

图 8-1　2012—2016 年我国科技成果登记数量（项）

数据来源：《中国统计年鉴 2017》，联盟整理。

一、按科技成果类别分析

从登记的科技成果类别来看，应用技术成果占88.0%，基础理论成果为9.5%，软科学成果①最少，仅占2.5%。如图8-2所示。

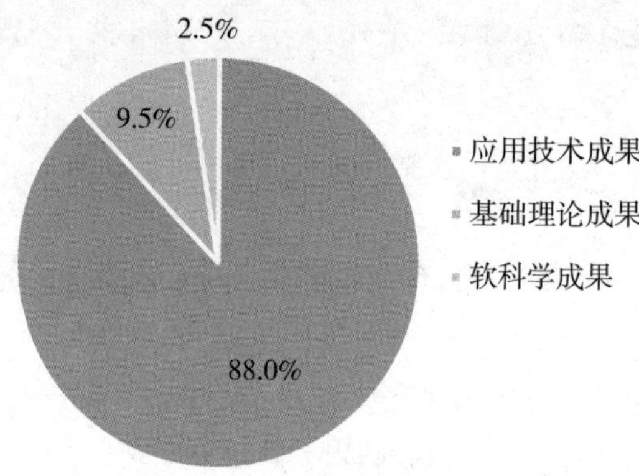

图8-2 2016年全国科技成果类别占比

数据来源：《2016年全国科技成果统计年度报告》，联盟整理。

二、按课题来源分析

2016年全国登记的科技成果仍以各级财政支持的各类计划项目成果为主，自选项目成果占有较大的比重。2016年登记的科技成果中，来源于各级科技计划项目的成果28 595项，占48.65%；自选项目成果20 289项，占34.52%。如图8-3所示。

三、按完成单位分析

企业一直是科技成果的主要完成单位。2016年，企业共完成23 896

① 软科学研究成果是指为决策科学化和管理现代化而进行的有关发展战略、政策、规划、评价、预测、科技立法以及管理科学与政策科学的研究成果。

项成果，占比 40. 65%。如图 8 - 4 所示。

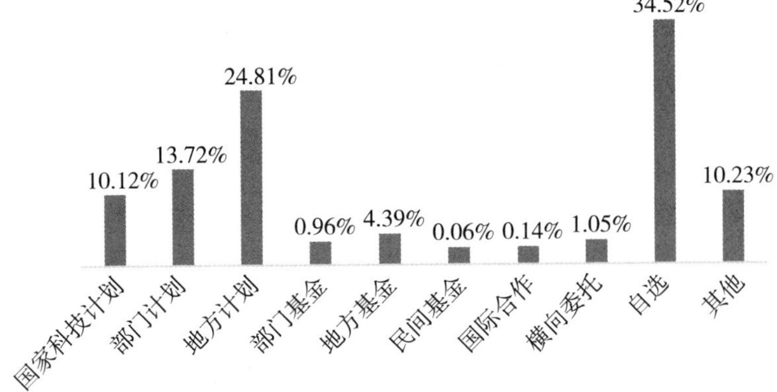

图 8 - 3　2016 年全国科技成果来源占比

数据来源：《2016 年全国科技成果统计年度报告》，联盟整理。

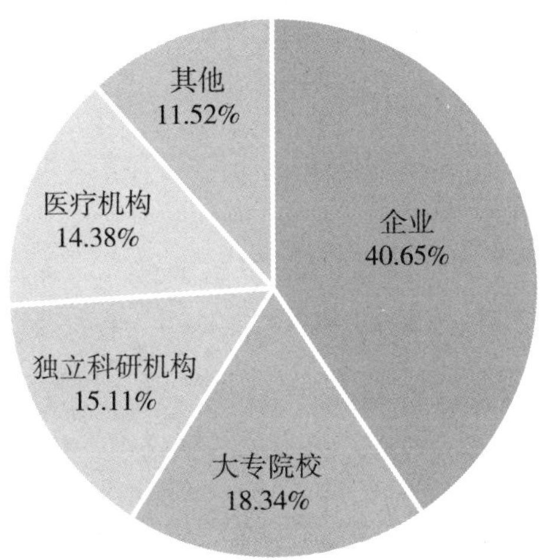

图 8 - 4　2016 年科技成果的完成单位占比

数据来源：《2016 年全国科技成果统计年度报告》，联盟整理。

各级科技计划项目成果完成单位主要集中在企业、大专院校和独立科研机构，分别占比为 28. 43%、19. 65%、19. 60%。如图 8 - 5 所示。

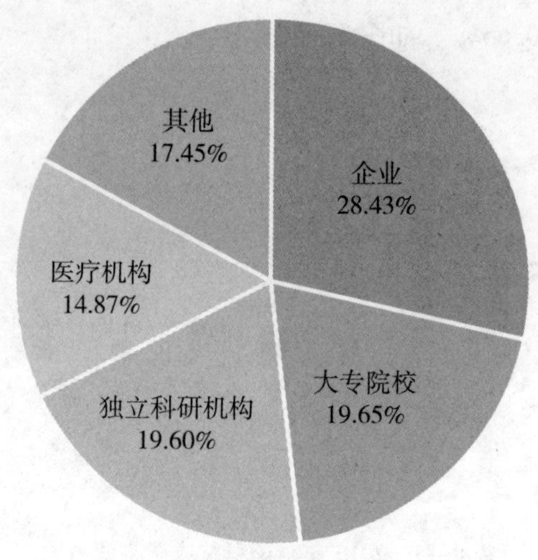

图 8－5 2016 年科技计划项目成果的完成单位占比

数据来源：《2016 年全国科技成果统计年度报告》，联盟整理。

企业是自选类项目成果完成单位中的主力军，占比为 64.56%。接下来依次是大专院校、独立科研机构、医疗机构，占比分别为 13.68%、10.11%、8.55%。如图 8－6 所示。

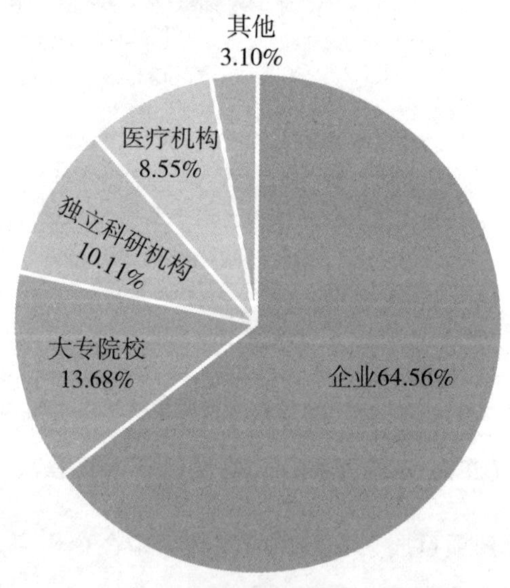

图 8－6 2016 年自选类项目成果的完成单位占比

数据来源：《2016 年全国科技成果统计年度报告》，联盟整理。

第二节　按部门科技成果分析

2016 年国务院有关部门登记科技成果 10 115 项。其中国家国防科技工业局的登记成果最多，约占部门登记成果的 1/4；其次是中国科学院、教育部、中国气象局、中国石油天然气集团公司、中国电机工程学会、国家林业局、公安部、工业和信息化部、国土资源部、交通运输部、中国石油化工集团公司，这 11 个部门累计约占部门登记成果的 60%。如图 8－7 所示。

图 8－7　2016 年部门科技成果按部门分布

数据来源：《2016 年全国科技成果统计年度报告》，联盟整理，仅统计登记成果数大于 100 的部门。

第三节　按地方科技成果分析

2016 年地方登记科技成果 48 664 项。其中，东部地区的登记成果为 24 086 项，占比为 49. 5%；中部地区为 8 963 项，占比为 18. 4%；西部地区为 15 615 项，占比为 32. 1%。如图 8 －8 所示。

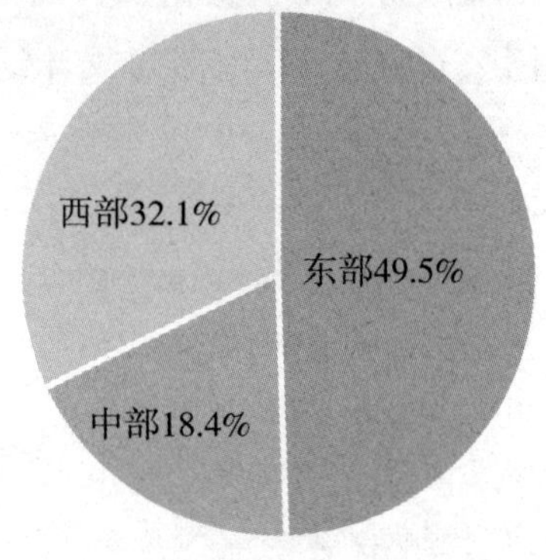

图 8 －8　2016 年地方科技成果按地区分布

数据来源：《2016 年全国科技成果统计年度报告》，联盟整理。

从各省份的登记成果数量来看，浙江的登记成果数量最多，达到 5791 项，远超全国其他省份。东部地区的山东、河北，西部地区的陕西、广西、四川，登记成果数量都超过 3000 项。如图 8 －9 所示。

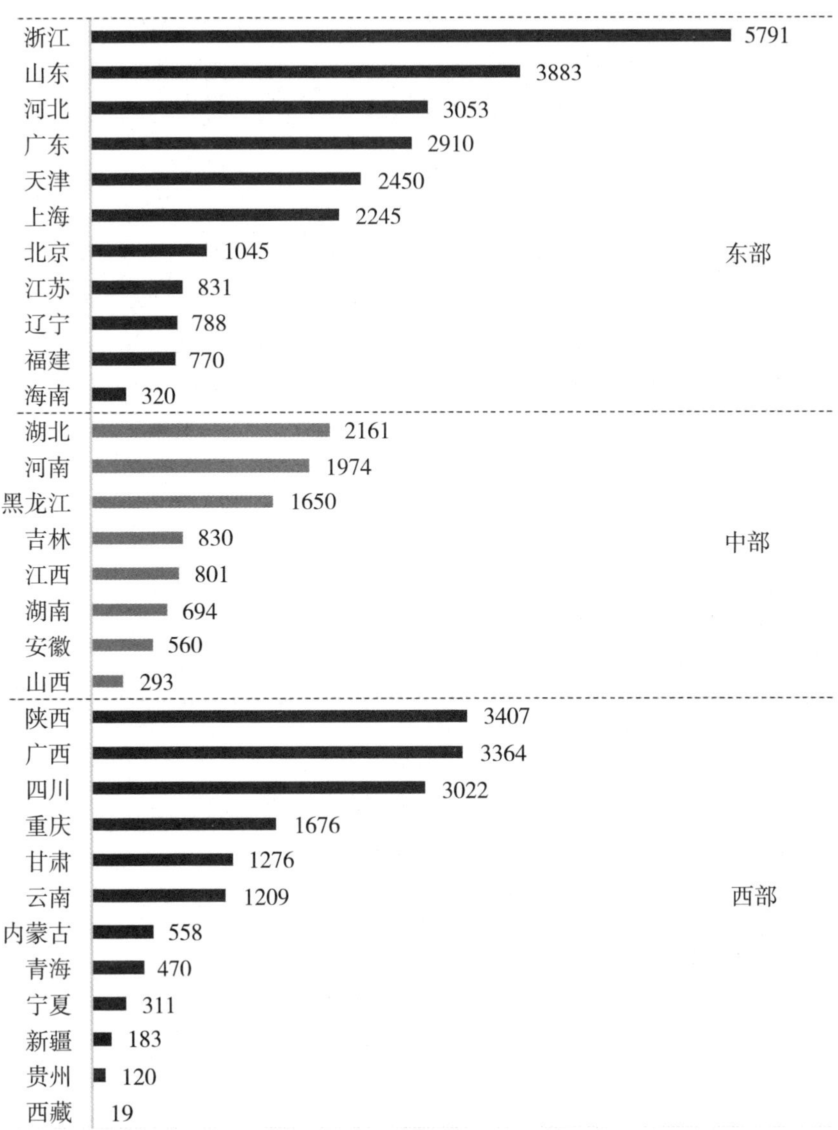

图 8－9　2016 年地方科技成果按省分布

数据来源：《2016 年全国科技成果统计年度报告》，联盟整理。

第四节　按应用技术成果分析

应用技术成果是指在科学研究、技术开发和应用中取得的新技术、新工艺、新产品、新材料、新设备，以及农业、生物新品种，矿产新品种和计算机软件等。在实际的科技成果转化过程中，应用技术成果是最适宜、最容易转移转化的一类科技成果。2016 年我国登记的应用技术成果达到 51 728 项，其中属于高新技术领域的有 33 683 项。

一、按成果属性分析

2016 年的应用技术成果按成果属性分析，原始性创新、国内二次开发、国外引进消化吸收创新分别占比为 72.8%、20.5%、6.7%。如图 8－10 所示。

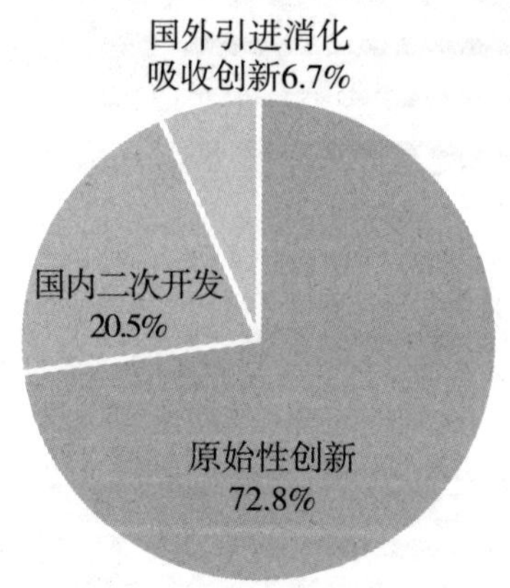

图 8－10　2016 年应用技术成果按成果属性分析

数据来源：《2016 年全国科技成果统计年度报告》，联盟整理。

二、按成果水平分析

2016年的应用技术成果按成果水平分析，37.5%的科技成果未进行评价；进行评价的科技成果中，23.9%达到国际水平，其中达到国际领先水平为7.4%；达到国内领先水平的科技成果占比为44.9%。如图8－11、图8－12所示。

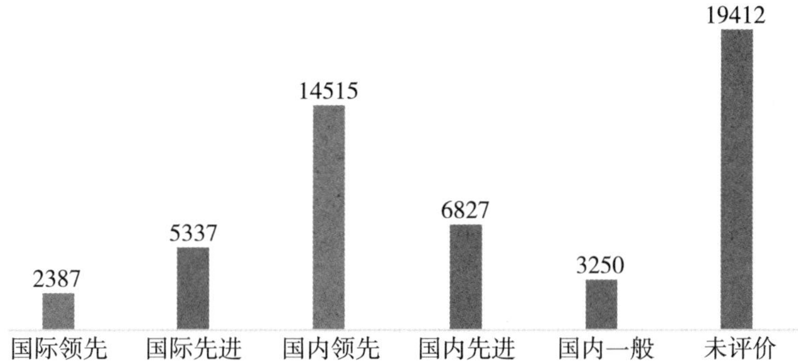

图8－11　2016年应用技术成果按成果水平分析

数据来源：《2016年全国科技成果统计年度报告》，联盟整理。

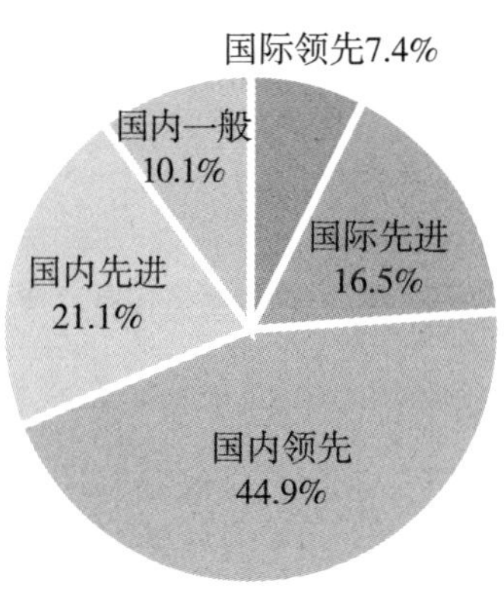

图8－12　2016年评价的科技成果按评价结果分析

数据来源：《2016年全国科技成果统计年度报告》，联盟整理。

三、按高新技术领域分析

2016 年我国登记的高新技术领域内应用技术成果为 33 683 项。其中先进制造、生物医药与医疗器械、现代农业、电子信息、新材料五大行业的应用技术成果最多，分别占比 22%、21%、15%、13%、10%，累计约占整个高新技术领域内应用技术成果的 80%。如图 8－13、图 8－14所示。

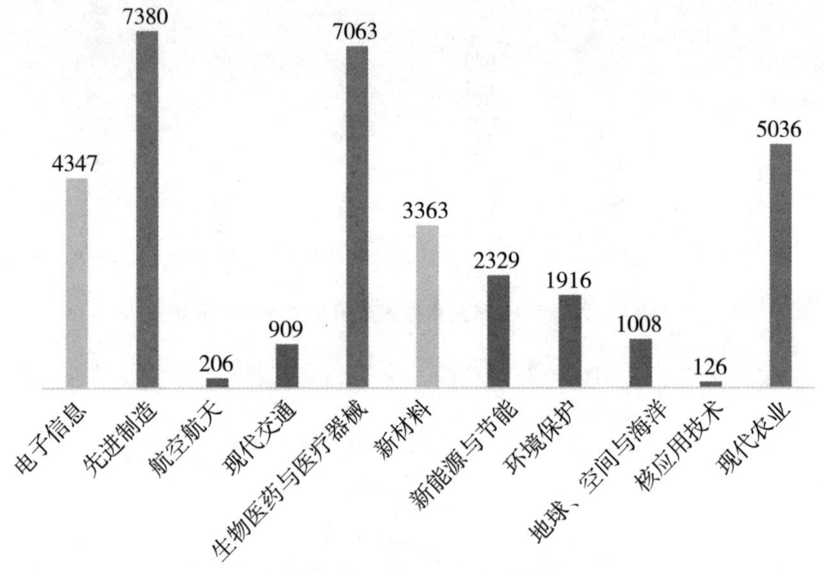

图 8－13　2016 年应用技术成果按高新技术行业分析

数据来源：《2016 年全国科技成果统计年度报告》，联盟整理。

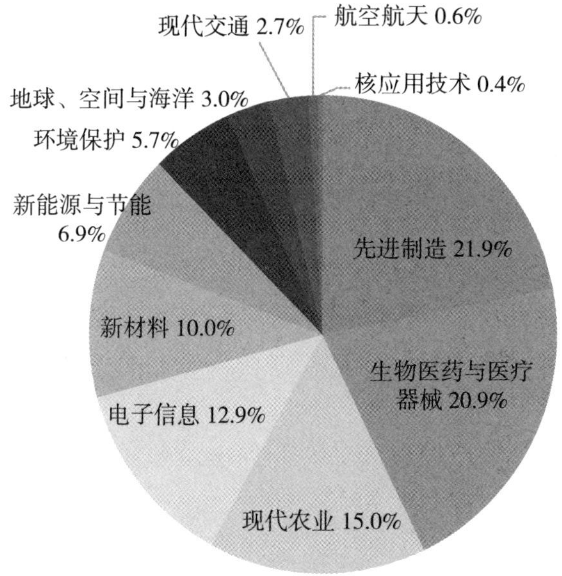

图 8－14 2016 年应用技术成果按高新技术行业分布分析

数据来源：《2016 年全国科技成果统计年度报告》，联盟整理。

第九章

专家谈科技成果评价

第一节　院士眼中的科技成果评价

明确评价目的，评价核心技术。

——曹春晓

进行科技成果评价，首先要明确评价的目的是什么。以前有些项目进行评价的目的不太明确，好像只是为了评价后申报国家奖、省部级奖或别的奖。我最近几次参加科技成果评价会，感受与以往不同，评价的目的性更明确了，但不是为了评奖，而是为了成果转化和产业化。我主要谈几点感想。

第一，要明确进行科技成果评价的目的，主要目的不是评奖，而是评定水平如何，是否具备可以转化的条件。有人说，我们现在的科技成果很多，但真正用上的不多。以前，评奖是进行科技成果评价的动力之一，但若仅仅以评奖为目的，申报国家奖之后就把成果束之高阁，成果虽然很漂亮，但用不起来、不能转化为生产力，是很可惜的，也是一种遗憾。因为科技是第一生产力，只有评价的目的非常明确，才能让企业明晰下一步怎么走，才能让决策者明确该如何支持，才能真正推进产业的发展，才能真正助力将国家科技成果转化为生产力。

第二，进行评价的成果应是具有市场价值、具备各方发展需求的核心技术。如果评价的是一般性的项目，则意义不大。我们国家现在有很多核心技术还没有掌握好，比如某些产品中必需的关键芯片，这些关键核心技术是买不来的，但对国家又非常重要，这才是市场需求所在。

第三，评审应以资深技术专家为主体，并根据多样化需求，适当增加一些其他的成员，比如投融资和市场发展方面的专家。在评价的过程中，除了对成果水平、意义及价值进行评价之外，专家也要明确指出成果单位存在的问题，以帮助成果单位明确下一步的改进行动和工作计划。建议给予核心评审专家更多时间和机会提前了解评价成果的内容，以便在评价会上全面且客观地指出问题所在。

此外，科技成果评价不仅对成果单位有意义，参加评价的专家也同样能有所收获。对于科研专家而言，在交流和碰撞中能够遇到“知己”，擦出美丽的火花，对科研工作起到相互促进作用；而对于专注使用的专家而言，也可能在这个过程中偶遇产学研结合的契机。

曹春晓院士简介

曹春晓，中国科学院院士、著名钛合金学者、材料学家、国家级有突出贡献专家、中国钛合金研究与应用的创始人之一。现任中国航发北京航空材料研究院高级顾问、学位评定委员会主席、研究员、博士生导师，南昌航空大学教授、学术委员会名誉主任，中国航空研究院学位评定委员会副主席，国家国防科工局科学技术委员会委员兼大型飞机材料研制专家咨询组组长、国家大型飞机重大专项专家咨询委员会委员、中国航发科学技术委员会常务委员等。曾任南昌航空大学学术委员会主任、全国博士后管委会材料科学与工程专家组组长、中国机械工程学会塑性工程学会理事长、中国有色金属工业协会钛锆铪分会会长等。

他不断开创新型钛合金和钛－铝系金属间化合物及其制备技术，为我国在该领域赶超世界先进水平做出了重大贡献；他根据再结晶和相变相结合的原理，创立了高低温交替热变形技术，解决了长期存在于大型钛合金零件生产中金相组织不均匀的关键问题；他利用特定的相变模式，优化钛合金 β 转变组织形态和综合性能，首创 BRCT 热处理技术；他利用形变－相变联合机制，创立钛合金急冷式 β 热变形强韧化技术；他还研究了钛合金的强化机制、阻燃机理、疲劳裂纹扩展特性等基础性问题，并取得了创造性成果；他开创了具有中国特色的钛－铝系金属间化合物均匀化熔炼技术、锻造和热处理工艺，突破了“室温脆性”等技术难关，成功地研制出我国第一批 Ti_3Al 合金航空发动机零件。1997

年当选院士之后，曹春晓作为指导人，参加了阻燃钛合金、600℃高温钛合金、Ti_2AlNb 和 TiAl 金属间化合物以及 TA15 结构钛合金等重要课题的研究；作为首席技术专家，他主持完成了国家安全重大基础研究项目——“航空复杂构件精确成形过程设计与控制的理论和方法的研究”，并取得了重要的创新性成果。曹春晓先后获得国家级和部级科技成果奖 16 项，其中，全国科学大会奖 1 项，国家科技进步奖一等奖 1 项和二等奖 3 项，国家发明奖三等奖 2 项。他先后培养出 5 名硕士、19 名博士和 7 名博士后，是北京航空材料研究院的劳动模范，早在 1993 年被航空航天工业部评为优秀研究生导师。鉴于曹春晓对我国科技事业特别是航空科技事业的重大贡献，他在 1996 年获光华科技基金奖一等奖，1997 年当选中国科学院院士，2001 年获中国航空工业系统最高奖——航空报国金奖，2006 年获航空报国突出贡献奖，2012 年获中国钛工业杰出贡献奖，2013 年获航空航天月桂奖终身奉献奖，2014 年获中国航空学会杰出贡献奖，2016 年获中国钛科技终身成就奖。

第二节　研究员眼中的科技成果评价

产业化是评价的最终目的，需政产学研用多方协作。

——陈弘毅

科技成果评价与科技成果转化紧密联系，科技成果评价作为科技成果转化的把关环节，可以为成果的产业化提供参考依据，科技成果评价的最终目的是促进科技成果产业化，从而促进整个国民经济的发展。实际上，科技成果转化是一个比较复杂的问题，一方面与国家整体的工业水平、教育水平、体制等方面都有很大关系；另一方面，它是一个系统工程，涉及高校、科研院所、企业、政府、金融机构等多个环节，这些环节间的衔接会对成果的产业化产生很大的影响。

过去，由于机制不够健全，科研单位、产业、企业之间存在断点，没能有效衔接起来，导致科技成果转化率很低。如今，随着国家实力的增强、经济基础的巩固、奖励机制等体制的健全，使成果转化更加顺畅、转化方式更加多样；并且，将过去的科技成果鉴定转变为现在的科技成果评价，政府放权，由第三方机构组织评价，所关注的指标更加全面，参评的专家更加多样化。但要进一步提高转化率，还需科研人员、政府、企业、第三方机构等多方共同努力。

科研按内容可分为基础与应用两种类型。前者是指探索发现自然奥秘，为获得关于现象和可观察事实的基本原理及新知识而进行的实验性和理论性研究，完全不考虑应用；后者是指针对某一特定的实际应用目的或目标的创造性研究，以应用为导向，而大多数科研均属于此类。对于从事这类科研的人员来说，要明确以下三点：

第一，要根据需求选择科研项目。科研项目的成果是要为满足国家、经济发展、改善人们生活的需求服务的，不能产业化的成果是没有价值的。一方面要急国家与人民之所急，选择做什么科研项目；另一方面也要考虑到成果产业化后的发展前景。

第二，科研要以应用为驱动，与上下游单位密切结合。要踏踏实实地做科研工作，不应以论文为驱动，而应做真正能够解决实际应用问题的科研。切忌“关起门来做科研”，要在科研中与上下游企业及应用单位密切结合。

第三，适时将科研成果转出去，切勿抓着不放手。明确高校及科研院所的科研成果只是样品，距离产业化尚有距离，真正产业化的产品靠企业才能大量生产，要知道科研成果做到何种程度时就应该转出去，如果一直抓住不放手，成果将不复存在。科研成果的产业化不是单靠科研机构“拍胸脯”就可以“包打天下”的，科研成果的样品被企业接受后并不能够直接在市场上进行销售，把样品变成产品还需要投入大量的人力、物力，解决生产、成熟度、检验等一系列的问题。

同时，政府要进一步完善、健全体制，促进政产学研用更好地融合；企业要继续加大对研发的投入，尽快成长；第三方机构要进一步完善评价指标，定量与定性评价相结合，为无形资产评估建立相对量化评价指标，或成立专门的无形资产评估机构，共同推动科技成果产业化，促进国民经济发展。

陈弘毅简介

陈弘毅，江苏省徐州市人，1942 年出生于重庆市。清华大学教授，博士生导师，电气和电子工程师协会（IEEE）、中国电子学会（CIE）、中国密码学会（CACR）高级会员。1965 年本科毕业于清华大学无线电电子学系，1981 年研究生（硕士学位、MS）毕业于清华大学计算机科学与工程系。

1981 年 7 月至今在清华大学微电子学研究所工作。1981 年 9 月至 1985 年 6 月从事教学、科研工作；1985 年 5 月至 1987 年 6 月赴美国 UCLA 电机系器件研究室做访问学者；1989 年评为副教授；1991 年评为教授，1993 年起任博士生导师。1988—1993 年任设计室副主任，1993—2000 年任副所长，2000 年 6 月至 2003 年 7 月任所长。2003—2007 年为清华大学学术委员会委员、信息学院学术委员会副主任、微电子学研究所学术委员会主任。

自 1987 年以来从事集成电路（IC）设计研究，包括：基于门阵列（GA）、标准单元（SC）和功能块（BB）的专用集成电路（ASIC）设计方法，库开发技术，系统的芯片集成（System on-a-Chip），算法的硬件架构与实现，超大规模集成电路 - 数字信号处理（VLSI - DSP）及其在多媒体信号（语言、音频、图像、视频）处理和信息安全领域的应用，等等。

基于其研究工作，先后获得国家科技进步奖一等奖 1 项、二等奖 1 项，北京市科技进步奖一等奖 1 项、二等奖 3 项，教育部科技进步奖三等奖 1 项。1999 年，“开关电源脉宽调制芯片 TH2068”（99 - 083）获教育部科技进步奖三等奖；2001 年 10 月，“DTT4C01A 公用电话 IC 卡专用芯片”获北京市科技进步奖一等奖；2001 年 10 月，“数字信号处理算法的芯片设计关键技术”获北京市科技进步奖二等奖；2002 年 12 月，“DTT4C01A 公用电话 IC 卡专用芯片”获国家科技进步奖二等奖；2004 年 12 月，“第二代居民身份证专用芯片（THR9904）及模块获北京市科学技术奖二等奖；2008 年 12 月，“第二代居民身份证系统”获国家科技进步奖一等奖；2012 年 12 月，“椭圆曲线密码及其国家算法标准 SM2 的集成电路实现”获北京市科技进步奖二等奖。

与其同事和学生共申请多项国内外专利，已获准持有美国发明专利 14 项、中国发明专利 18 项。发表学术论文 300 余篇，其中科学引文索引（SCI）收录 30 余篇、工程索引（EI）收录 100 余篇，获国际学术会议论文奖 2 篇。参与出版专著两部、译著两部。自 1988 年以来，共培养出硕士 33 人（其中工程硕士 12 人）；自 1993 年以来，共培养出博士 25 人。

第三节　投资人眼中的科技成果评价

科技成果评价是投资的指南针和加速器。

——赵铎

科技成果转化是落实“科学技术是第一生产力”的关键，只有将科技成果在生产实践中得到广泛应用，才能有效提高我国经济增长质量，进而反哺科技进步。对科技企业或科技项目投资，既是加快科技成果转化，也是促进市场对科技成果应用的验证。

对于企业而言，通过第三方权威的科技成果评价，不仅是对企业技术水平的认可，而且能够促使企业在投融资谈判过程中处于有利地位，有效优化企业的融资环境，加速企业科技成果的市场化推广应用。

对于投资人而言，市场环境、核心技术等是选择投资标的的重要因素。市场环境方面，国家政府部门牵头的科技成果评定，很大程度上代表着产业政策的导向，也是大部分投资人重点关注的投资方向。

与此同时，技术水平也是投资人选择投资标的的一个十分重要的评判维度，但绝大多数投资机构的专家和技术资源相对有限，而科技成果评价基于一批行业顶尖专家从多维度对评价指标进行量化评分，并做出评价结论，具有权威性。专业的科技成果评价结果，能够加深投资人对标的技术水平的了解、对产业的了解，帮助投资人进行筛选，有助于对标的的市场价值进行评估，从而有利于产业基金向优势企业聚集，实现更加深入的产融联动、产融联通，助力实体经济加速发展。

赵铎简介

赵铎，红塔高新（深圳）股权投资管理有限公司常务副总裁，具有十多年证券、投资领域从业经验，先后从事股票、债券二级市场投资及股权投资，主导或参与近200家未上市企业的股权、债权投资，对资产定价、市场周期等有深刻见解。

第十章

科技成果评价案例解析

科 技 成 果 评 价

第一节　威海万丰镁业科技发展有限公司

一、企业简介

威海万丰镁业科技发展有限公司（以下简称“万丰镁业”）成立于2002年，坐落于威海高新技术产业开发区，是一家专业从事轻合金材料、复合材料、机车轻轨、电子通信、航空航天、海工船舶装备等零部件开发、生产和销售的高科技公司，产品出口美国、德国、意大利等国家和地区。配套哈雷、宝马、杜卡迪、通用等知名主机厂，国内供货于航天科工、航天科技、中国兵器、中车、中远海运、中兴通讯等。万丰镁业镁合金产品始终走在国际前沿。

万丰镁业拥有省级研发中心、省级技术中心和重点实验室，拥有专利29项，起草镁合金国家标准3项，具有强大的科研开发、自主创新能力；与沈阳工业大学、哈尔滨工业大学、清华大学、山东大学、北京有色金属研究总院等科研院所建立了良好的产学研合作关系。先后承担国家“十五”863计划、“十二五”科技支撑计划等镁合金高科技项目、中小企业创新基金项目、国家火炬计划、国际合作计划、工业强基项目等多项国家重点项目的研发和实施。

万丰镁业将在轻量化新型材料、轨道交通、电子通信、航空航天、海工装备领域做大做强，倡导“一切围绕为用户提供满意产品”经营理念，以打造国际“WFMG”品牌、实现行业领跑为目标，永恒提升价值，不断奉献社会。

二、科技成果评价诉求与评价结果

（一）科技成果评价诉求

科技成果评价是科研成果管理的一项重要内容，是一项政策性和技术性很强的工作，它直接关系到科研的发展方向和科研人员的积极性以及经济建设的发展。科技成果评价有三点直接作用：一是有益于项目实施单位获得政府和行业认可，促进项目成果市场化应用和推广，也是取得政府专项资金支持、奖励、获奖的有效证明文件；二是科学公正的技术成果评价，通过对技术研发全过程和创新成果的严格评测和全面评价，可以有效消除技术交易双方的信息不对称，减少交易双方的沟通和谈判成本，提高交易效率；三是由权威专业机构做出的技术成果评价报告，是科学评判成果创新价值和应用价值的重要依据，是成果是否通过验收、确定整改方向的重要依据。

2017 年 8 月 3 日，万丰镁业委托工业和信息化部电子科学技术情报研究所对万丰镁业实施的“Zn－Al－Y 镁合金新材料制备技术”进行了科技成果评价。该项目是工业和信息化部 2015 年工业转型升级强基工程项目，属于特种稀土合金范畴。本项目是山东省第六个、威海市第一个工业强基项目。经过两年的建设实施，项目实现了既定目标。根据《工业强基工程实施方案验收评价工作细则》，在项目结题验收前，申请组织本次项目科技成果评价。

工业转型升级强基工程是工信部提升工业基础能力、夯实工业发展基础的一项重要工程，旨在提升重点行业、关键领域的关键基础材料、核心基础零部件、先进基础工艺和产业技术基础（简称“四基”）发展水平。“四基”是整个工业赖以生存和发展的基础，集中体现了一个国家的工业整体素质和核心竞争力。为解决“四基”问题，工信部从 2013 年开始组织“工业强基工程”，目的是通过实施工程化、产业化示范项目和公共服务平台示范项目，组织企业、科研院所开展“一条龙”

攻关，着力解决一批重大关键技术和产品缺失问题，力争用5~10年时间，实现我国工业基础迈上新台阶。

（二）科技成果评价项目及结果

随着世界能源危机、资源危机与环境污染问题的日益严重，节能和轻量化已成为汽车工业的重要问题。镁合金作为最轻的工程金属材料，具有比重轻、比强度及比刚度高、电磁屏蔽能力强及减震性能好等一系列独特的性质，相比传统的铝合金或钢制零部件具有明显的替代优势，诸如显著减轻车重、降低油耗、减少排放、提高汽车的安全性和可操作性等。

为了不断满足我国在汽车轻量化领域对高强韧镁合金材料的需求，提升高强韧镁合金材料结构件的产业化应用水平，形成核心竞争力，升级和调整公司产品结构，万丰镁业根据工信部《工业转型升级规划（2011—2015）》和《关于加快推进工业强基指导意见》，开始建设“Zn-Al-Y镁合金材料生产线制备”项目。

“Zn-Al-Y”系新型镁合金材料关键技术指标取得新突破，T6状态下抗拉强度≥300MPa，屈服强度≥260MPa，延伸率≥15%。相比标准牌号铸造镁合金AZ91D（抗拉强度≥240MPa，屈服强度≥180MPa，延伸率≥6%），各项性能指标提升30%；相比标准牌号挤压合金AZ31B（抗拉强度≥260MPa，屈服强度≥220MPa，延伸率≥14%），各项性能提升20%，且生产成本不高于AZ31B的130%，有效降低了高强韧镁合金产业化应用成本，解决了制约镁合金材料在汽车轻量化领域的应用瓶颈，促进了镁合金上下游产业链的技术提升和镁合金在汽车等领域的产业化进程，打破了国外技术壁垒，提高了我国镁合金领域的国际地位，推动了我国镁合金产业技术的不断进步。

镁合金材料的应用，如图10-1所示。

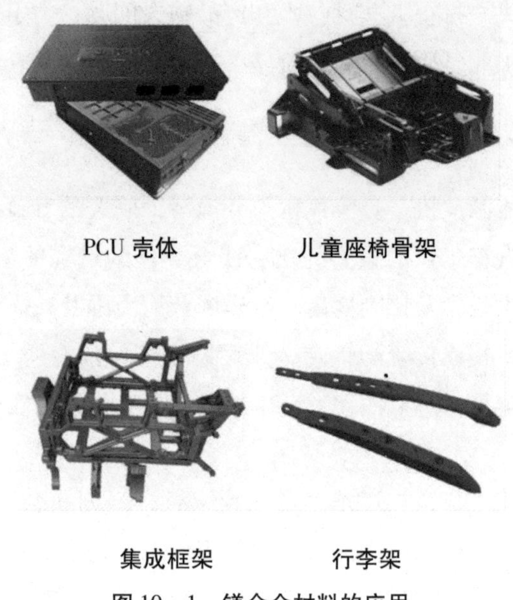

PCU 壳体　　儿童座椅骨架

集成框架　　行李架

图 10－1　镁合金材料的应用

针对本项目，评价单位组织成立了由七位专家组成的评价委员会，评价委员会听取了万丰镁业关于本项目的技术总结汇报，对项目资料进行了详细的审查和质询，查看了产品检测报告和用户使用报告。与会专家一致认为项目综合技术达到国际先进水平，同意通过科技成果评价，并建议进一步扩大该技术成果的推广应用。

三、科技成果评价效果及经验介绍

（一）科技成果评价效果

万丰镁业科技成果评价能够获得同行业专家认可，充分说明了万丰镁业新材料及制品研发技术和工艺控制水平取得了长足发展，已具备良好的产业化水平。项目的实施、成果的鉴定，对延伸高强韧镁合金材料链条、提高产业核心竞争力具有重要意义，对加快企业工业转型升级、构建现代产业体系、打造现代制造业基地起到示范带动作用。

（二）开展科技成果评价经验介绍

开展科技成果评价，需注意以下三点内容：

一是注重技术研发、产品中试的过程管理。虽然成果评价会审查的是书面材料，但是材料要以技术研发、产品中试、试验检测等数据作为支撑，因此要特别注意在研发过程中数据的整理、收集，包括各种材料和产品的检测测试报告，诸如力学试验、金相、盐雾试验等。

二是注重知识产权的积累和保护。开展成果评价，一个重要的环节就是要做科技成果查新，科技成果的查新多以专利和检测报告为依据。

三是注重终端用户的产品应用信息收集。科技成果评价很大一部分功能是评价技术成熟度，如果委托方能够提供详细的用户使用报告，就可以证明产品的技术成熟度达到客户应用需求。若项目产品只是整机的一部分或者一个零配件，客户也非终端客户，则客户装配产品后的整机测试报告也可以作为项目评价的支撑材料。

第二节　湖南中锂新材料有限公司

一、企业简介

湖南中锂新材料有限公司（以下简称“湖南中锂”）是国内主板上市公司长园集团（股票代码：600525. SH）旗下控股子公司。湖南中锂成立于2012年，座落于国家级常德经济技术开发区，是一家专业从事锂离子电池湿法隔膜研发、生产、销售为一体的高新技术企业，现在湖南常德、湖南宁乡、内蒙古呼和浩特三地建有生产与研发基地，拥有技术研发、营销管理、高级管理及专业技术等人员1200多人，其中大专及以上学历占60%，拥有湿法隔膜核心技术领域的23项知识产权。

湖南中锂生产与研发基地，如图10－2所示。

图 10－2　湖南中锂生产与研发基地

湖南中锂拥有全套引进日本东芝的湿法隔膜制造设备，综合年产能达 4 亿平方米，产值 20 亿元，利税 10 亿元，是国内技术最先进、综合规模最大的新能源汽车用锂离子电池湿法隔膜的研发和制造商，致力于成为国际新能源汽车动力电池隔膜材料引领者。

湖南中锂秉承“诚信守约、顾客至上、创新致远、合作共赢”的经营理念，建立了完备的质量管理体系，通过了 ISO9001、ISO14001、TS16949 等质量体系认证，并建立了中科院纳米材料先导计划产业化基地、中南大学产学研合作基地、中科院膜科学研究院及博士后工作站、先进动力电池隔膜材料湖南省工程研究中心、常德市高性能隔膜材料工程技术研究中心、常德市隔膜材料企业技术中心、湖南省海智计划基地等研发与检测平台。

湖南中锂始终牢记“致力绿色能源，建设美丽中国”的企业使命，依托先进的技术装备、强大的技术创新能力，大力推进“科技创新、精细管理、开拓经营、人才强企”的发展战略，推动中国新能源产业的发展，保卫蓝天，共筑绿色未来。湖南中锂具备从隔膜基膜制备、陶瓷浆料制备到隔膜装备利用的完整产业链，以及高效、节能、环保、安全和职业健康的先进生产工艺和装备。湖南中锂拥有先进动力电池隔膜材料湖南省工程研究中心、常德市先进动力电池隔膜材料工程技术研究中心等创新平台。

湖南中锂坚持创新驱动，加大科技研发投入，科技研发实力处于国内同行业领先位置。2012 年以来，申请自主知识产权 23 项（其中发明专利 15 项），已授权专利 13 项（其中发明专利 3 项）。湖南中锂先后承担湖南省战略新兴产业创新项目 1 项、湖南省自主创新平台建设项目 1 项、工信部科技成果评价 2 项、湖南省科技成果鉴定 1 项。如图 10－3 所示。

常德市科学技术奖

证　书

为表彰常德市科学技术奖获得者，特颁发此证书。

奖励类别：科学技术进步奖

获奖项目：动力电池用高性能陶瓷涂覆隔膜材料产业化研发

奖励等级：一等奖

获奖单位：湖南中锂新材料有限公司（第1完成单位）

证　书

ISO 9001：2015

先进动力电池隔膜材料

湖南省工程研究中心

湖南省发展和改革委员会

二〇一七年十二月

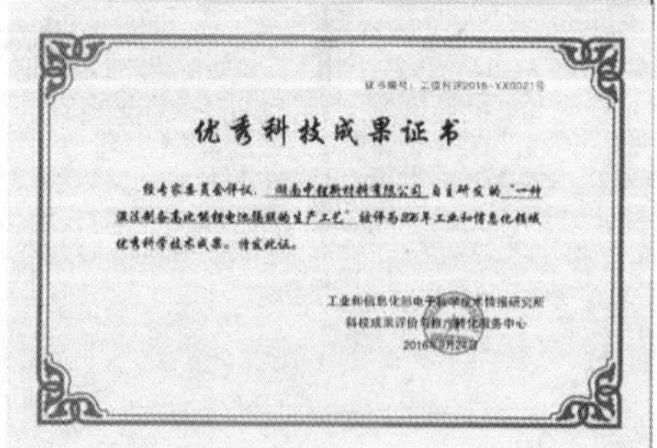

证书编号：工信科评2016-YX0021号

优秀科技成果证书

经专家委员会评议，湖南中锂新材料有限公司自主研发的"一种湿法制备高比能锂电池隔膜的生产工艺"被评为2016年工业和信息化领域优秀科学技术成果。特发此证。

工业和信息化部电子科学技术情报研究所
科技成果评价与推广转化服务中心
2016年3月24日

工业和信息化部
科学技术成果登记证书

登记号：3392016YH110

经审查核实“高比能电池隔膜的湿法制备工艺”，被确认为科学技术成果，

特发此证。

完成单位：湖南中锂新材料有限公司

发证机关：工业和信息化部电子科学技术情报研究所

发证日期：二〇一六年十月十八日

图 10－3 湖南中锂相关资质证书

二、科技成果评价项目及评价结果

（一）科技成果评价项目

湖南中锂是国内规模最大的湿法隔膜材料研发与制备企业。为了在行业展示企业的技术先进性，以及通过科技评价了解企业的真实技术水平，听取行业专家对企业技术的真实诊断意见与建议，湖南中锂对新研发的项目及时进行科技成果评价。

评价的项目名称为“耐高温三维微孔陶瓷涂覆 PE 隔膜材料”，耐高温三维微孔陶瓷涂覆 PE 隔膜材料，如图 10－4 所示。

图 10－4 耐高温三维微孔陶瓷涂覆 PE 隔膜材料

1. 任务来源

本项目为自选项目，基于湖南中锂的产业发展布局，以及结合湖南

中锂国际战略客户的实际技术需求，由湖南中锂自主研发。

2. 应用领域

项目成果主要涉及动力锂离子电池用陶瓷涂覆 PE 隔膜材料，锂离子电池湿法隔膜是一种功能性聚乙烯薄膜材料，广泛应用于动力汽车电池、储能电池新能源产业等。

3. 技术原理

本项目以常规聚烯烃材料为模板，采用油菜杆茎等生物质，在300℃～500℃下进行焚烧处理，随后将焚烧后的粉末与 SiO_2、Al_2O_3、TiO_2 进行复合球磨，形成具有三维微孔结构的复合陶瓷涂层，通过适当的粘结剂将具有多级孔结构且含大量官能团的复合陶瓷作为涂层，与常规聚烯烃隔膜进行涂覆复合，形成具备三维微孔结构的复合陶瓷涂层隔膜材料。

4. 性能指标

耐高温三维微孔陶瓷涂覆 PE 隔膜材料性能指标，如表 10－1 所示。

表 10－1　耐高温三维微孔陶瓷涂覆 PE 隔膜材料性能指标

项目内容	性能指标	
隔膜厚度公差（含涂层）	±2.0μm	
孔隙率	≥50%	
热收缩（150℃/1h）	TD	≤2.0%
	MD	≤3.0%
穿刺强度	≥30g/μm	
拉伸强度	TD	≥150MPa
	MD	≥150MPa
吸液率	≥80%	
比表面积	≥4.0g/m^2	
粒径	D50≥0.6μm	
破膜温度	≥180℃	
孔径	≤0.2μm	
陶瓷纯度	≥99.99%	
铁含量	<10ppm	

5. 成果创新性

本项目以三维孔结构的生物材料为模板，复合 SiO_2、Al_2O_3、TiO_2 等陶瓷氧化物涂层，将合成的具有多级孔结构且含大量官能团的复合氧化物陶瓷作为锂离子动力电池隔膜材料的改性涂层；以期通过控制三维网状多孔级的结构增加隔膜材料的比表面积，提高电解液隔膜材料的亲润性，有效解决商用聚烯烃类隔膜或者常规陶瓷涂层隔膜的性能缺陷，从而提高锂离子动力电池的安全性能及倍率性能。其主要创新点如下：

（1）基于低温液相连续空气氧化法，自主研发出宽幅气悬浮双面涂布专用设备，设计了配套的自动控制的新型超微陶瓷涂覆装置及连续化生产系统，生产的陶瓷涂层形态和粒径可控且分布均匀。

（2）首次开发出三维微孔（SiO_2、Al_2O_3、TiO_2）陶瓷层制备工艺。

（3）首次开发出三维微孔 Al_2O_3 陶瓷层与有机隔膜材料复合形成的有机－无机隔膜材料。

（4）与国内外同类产品性能数据对比，如表 10－2 所示。

表 10－2 国内外隔膜性能数据对比表〔16（12＋2＋2）μm 规格对比〕

测试项目		生产厂家		
		国内（16 家）	日本（1 家）	湖南中锂
隔膜厚度公差（含涂层）	±	14.8～17.6	15.5～16.8	15.6～16.5
孔隙率	%	38.50	45.50	52.50
热收缩（150℃/1h）	TD	1.95%	1.78%	1.75%
	MD	2.86%	2.65%	2.30%
穿刺强度	g/μm	38	52	56
拉伸强度（MPa）	TD	155	158	162
	MD	158	160	180

续表

测试项目		生产厂家		
		国内（16 家）	日本（1 家）	湖南中锂
吸液率	%	75	82	88
比表面积	g/m^2	4.2	4.7	5.0
粒径（D50）	μm	0.5	0.7	0.8
破膜温度	℃	175	195	196
孔径	μm	0.15	0.18	0.06
陶瓷纯度	%	99.92	99.99	99.99
铁含量	ppm	12.3	9.85	8.2

从以上数据可以看出，国内多家企业的锂离子电池湿法隔膜的品质在耐高温、拉伸强度、热收缩等方面都不能与国外进口的锂离子电池隔膜相抗衡，但是湖南中锂的锂离子电池隔膜具备抗衡优势。从各项性能对比的数据中可以清晰看到，湖南中锂制备的锂离子电池湿法隔膜与国外厂商拥有着同样优异的物理性能和安全性能。

（二）科技成果评价结果

湖南中锂新材料有限公司于 2018 年 5 月 30 日委托国家工业信息安全发展研究中心（工信部电子科学技术情报研究所）在第三方评价机构北京中企慧联科技发展中心进行“耐高温三维微孔陶瓷涂覆 PE 隔膜材料”科技成果评价。

水性陶瓷在国内首次形成了气悬浮双面陶瓷复合隔膜生产关键技术，并实现了年产 1 亿平方米陶瓷涂覆膜的产能。经湖南品标华测检测技术服务有限公司检测，其制备的 TF12 – 4 型 PE 陶瓷复合隔膜产品 150℃/1h，热收缩 TD 为 1.5%、MD 为 2.7%，破膜温度为 190℃。经过亿纬锂能、宁德时代新能源、珠海光宇等用户使用，产品性能稳定、一致性好。

评价委员会一致同意，该项目具有多项自主核心技术，在双面涂覆技术及隔膜产品耐高温性能方面达到国际先进水平。

三、科技成果评价效果

通过科技成果评价，湖南中锂得到了行业内专家中肯的指导意见，对于湖南中锂的技术改进及品质提升起到了关键性作用。湖南中锂在对专家的意见进行综合分析后，进行了实际的技术实施转化，使其产品合格率提升了5%，节约开发资金5000多万元。

湖南中锂的实施目标是，在3～5年内使湿法PE隔膜及陶瓷涂覆PE隔膜每年实现4.5亿平方米的规模能力。

第三节　上海上创超导科技有限公司

一、企业简介

上海上创超导科技有限公司（以下简称“上创超导”）是在上海市政府直接指导下，由上海大学、上海聚惠生物医药产业开发有限公司、上海科技创业投资（集团）有限公司以及管理团队、技术团队等自然人股东于2011年8月共同投资组建的混合所有制企业，由来自中科院各研究所博士、博士后及世界500强企业管理团队创立，具有硕士以上学历的人员占公司人数的48%。上创超导的技术源于上海大学数十年自主创新的积累，曾获得多项国家重大专项、上海市重大技术装备专项的支持，通过实验室研发——自主研发设计——产学研联动的创新模式，于2014年共同筹建了上海市高温超导重点实验室（已于2016年11月顺利通过验收），建成了上创－上大超导工程联合研发中心，成功生产出国内首条千米级第二代高温超导带材。上创超导是集产学研用为一体，致力于第二代高温超导材料及下游应用装备研发、生产的战略型新兴产业高科技公司。

上创超导高温超导带材生产基地，如图 10－5 所示。

图 10－5　上创超导高温超导带材生产基地

上创超导作为上海市产业化重大项目的牵头单位，利用完全自主知识产权的组分、工艺和装备，于 2013 年在国内率先实现了千米级第二代高温超导带材的试制与生产，成为世界上第二家具有千米级低成本、化学溶液法高温超导带材的制造企业。其低成本 MOD 工艺技术路线填补了国内空白，成为国内首家应用于军工超导装备领域的企业。上创超导以其领先的符合产业化标准的自主工艺、装备技术路线，开创了低成本第二代高温超导材料产业化的中国道路，将在电力、交通、军工、磁医疗康复器械、国家大科学工程等众多领域助推下游装备企业转型升级与技术进步。

上创超导与上海大学通过产学研合作，先后申请 15 项国家专利，在国内外核心期刊发表学术论文共计 49 篇；培养硕士、博士、博士后共计 63 人。上创超导的第二代高温超导带材产品先后获得第三届中国国际新材料产业博览会“金奖”、中国军民两用技术十大创新企业、《科学美国人》与美国麦肯锡公司联合评选的“5UNDER5”创新奖、首届中国军民两用技术创新应用大赛“铜奖”、第十八届中国国际工业博览会新材料产业展“参展产品三等奖”、2016 中国好材料“最具投资价值企业TOP10”，在2016年度的“全国科技活动周”中，上海市高温超导重点实验室还获得全国科技活动周组委会及科技部政策法规与监督司颁发的荣誉证书，2017年度获得上海市科学技术奖“技术发明二等奖”。如图10－6所示。

图10－6 上创超导荣誉

以上海大学物理、材料博士点、博士后流动站为依托，以全国超导领域专家组成的学术委员会为技术支持，上创超导联合上海大学共同开展基于高温超导基础理论、超导材料成材机理、强电应用及器件仿真、服役行为和可靠性、产业技术攻关、专业人才培养、超导器件设计和性能检测等方面工作；上创超导利用上海大学高素质的科研团队、高水平的科研能力，率先在全国研制出千米级第二代高温超导带材，已用于超导变压器、超导电缆等先进电力器件领域，走出一条第二代高温超导带材的国产化路线。上创超导始终以“诚信铸就品质、创新引领未来”为宗旨，积极与国内外各科研院所及高校开展合作交流，将上创超导的高温超导带材产业化与上海大学的基础研究结合起来，通过上海市高温超导重点实验室这个公共服务平台，在产学研用合作之路上走得更深、更广、更远。

二、科技成果评价项目及评价结果

2017 年 3 月 23 日，受工业和信息化部电子科学技术情报研究所委托，北京中企慧联科技发展中心依据《中华人民共和国科学技术进步法》《中华人民共和国促进科技成果转化法》《科学技术评价办法》《科技评估管理暂行办法》，在北京召开了科技成果评价会。依据科技部《科学技术评价办法》的有关规定，按照科技成果评价的标准及程序，本着科学、独立、客观、公正的原则，组织专家对上创超导完成的“低成本化学法千米级第二代高温超导带材”项目进行了科技成果评价。

2017 年 Stratistics MRC 公布的调查数据显示，2015 年全球超导产品市场规模为 8.2 亿美元。超导材料产业链可分为上游的铌、钛、锡、钇、钡等金属矿产资源，中游的 NbTi、Nb_3Sn、MgB_2、YBCO 和 BSCCO 等超导材料，下游的超导电缆、限流器、磁悬浮交通、储能、先进医疗、国家大科学装置、超导弱电应用等超导应用产品。从整条超导产业链的角度来分析，超导材料可占超导设备成本的 40% ~50%，从产业链盈利能力角度分析，超导材料的盈利能力最强；而在 2013 年之前，国内的超导材料主要从美国、日本进口，成本昂贵，约占超导应用产品成本的 50%。为了打破国外超导材料生产装备、工艺路线等的封锁，上创超导通过自主研发设计，建成了国内首条低成本化学法第二代高温超导带材的连续化生产线，拥有若干关键技术的自主知识产权，于 2013 年成功在国内率先生产出第一根千米级第二代高温超导带材。为了在国产的高温超导带材产业化之路上走得更远、更广，加快国内超导下游应用产品的研发进程，拓宽超导下游应用领域，将国产化的第二代高温超导带材的生产装备纳入国家科技成果库中，上创超导申请了科技成果评价。

经过专家评审，认为该成果解决了制备氧化物缓冲层和 REBCO 超导层关键技术难题，首次在国内建成了低成本化学法第二代高温超导带材的连续化生产系统，经清华大学应用超导研究中心及电子薄膜与集成器件国家重点实验室检测，带材性能达到国际领先水平。与会专家一致同意其通过科技成果评价。超导带材参数规格，如表 10 - 3 所示。

表 10 - 3　超导带材参数规格表

	SCST-W4	SCST-W6	SCST-W12
平均宽度	4 ± 0.1mm	6 ± 0.1mm	12 ± 0.1mm
平均厚度	80 μm~250 μm		
单根长度	100m~1000m		
最小弯曲半径（77K）	50mm–100mm		
临界拉应力强度（77K）	>290MPa		
临界电流范围(77K,自场)	80A~150A	150A~250A	250A~450A
加强层材料	Copper/Brass/Stainless Steel		

三、科技成果评价项目发展情况

上创超导依据上海大学的技术力量，通过自主研发千米级动态装备和低成本技术路线，掌握了从金属基带到缓冲层和超导层制备等超导材料产业化关键技术，形成自主知识产权成套制造装备，实现了第二代高温超导带材的规模化制备，形成了千米级缓冲层和超导层生产线，生产出以 Al_2O_3/Y_2O_3/MgO/LMO 作为缓冲层、YBCO 为超导层、铜为加强封装层、聚酰亚胺为绝缘层的第二代高温超导带材。第二代高温超导带材结构与超导带材生产、检测装备，如图 10 - 7、图 10 - 8 所示。

第二代高温超导带材具备以下应用优势：

（1）使用超导电缆，可以避免绝缘油的使用，且电流传输能力是常规电缆的 2 ~ 3 倍（相同截面时）。在通信领域，由于超导材料的零电阻，使用超导滤波器可以显著提高基站的接收灵敏度，扩大基站的覆盖范围，提高通话质量，降低对人体健康的影响。

（2）常规的发电机采用铜或铝材作为导体，重量大、焦耳热高、噪声大；超导发电机不仅可以有效减轻重量，减少损耗，提高效率，还可以减少运行费用，延长电机的使用寿命。

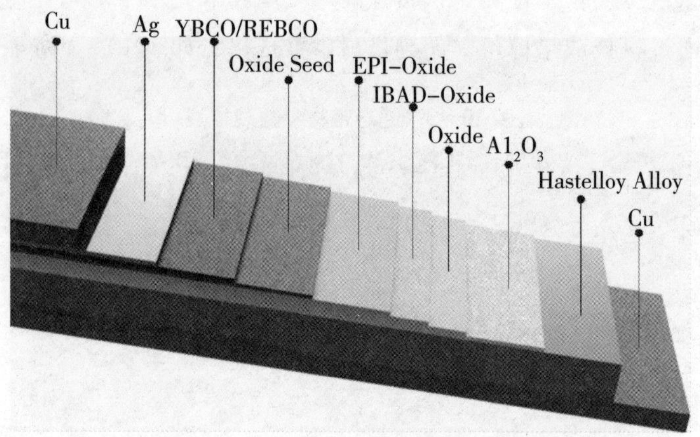

图 10－7　第二代高温超导带材结构示意图

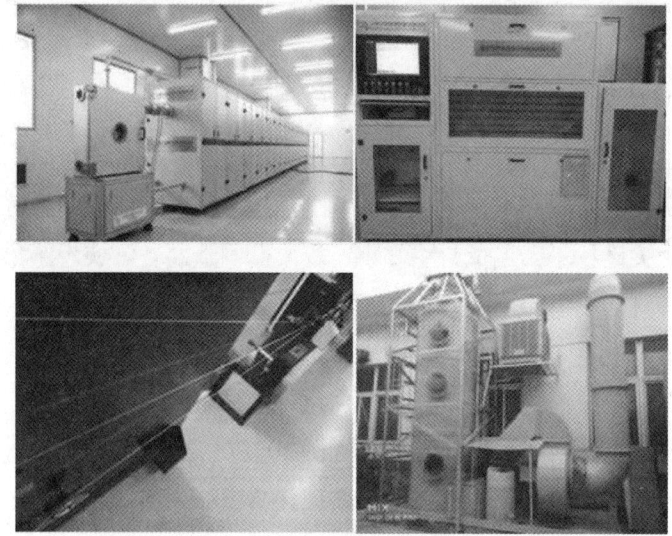

图 10－8　超导带材生产、检测装备

（3）现有的核磁共振成像仪主要是高能 X 射线检测仪，射线有可能被人体吸收，增加了诱发其他病变的风险；采用超导材料制成的核磁共振仪，损耗比铜低，灵敏度高，信噪比好，可使成像质量大大提高。随着制备技术的完善，这种成像仪还可以小型化，可以为高原人群提供骨质疏松的康复治疗。

(4) 与普通轮轨列车相比，超导磁悬浮列车具有噪声低、振动小、建造成本低、易于实施、易于维护等优点，而且由于不受轮轨间的黏着系数影响，爬坡能力强，转弯半径小且运行速度高。

(5) 超导材料运用于军工领域，针对小功率设备，可实现超低损耗、高速、低噪声、低功率；针对大功率设备，超导材料可产生强磁场，由于不需要采用磁路材料和通常的磁场绕组，电动设备的重量可大大降低。

为满足下游应用需求，上创超导已通过自主研发设计，建成了超导带材分切、封装等连续化成品生产、“四引线法”带材临界电流检测装备。目前，超导带材临界电流检测的国家标准，正由上创超导牵头制定中。上创超导生产的高温超导带材已供国内科研院所、高校的科研人员使用，开展下游应用研发。2017 年，上创超导的第二代高温超导带材项目还被入选为“2017 年度军用技术转民用”十大重点推荐项目，并中标了 2017 年工业强基工程。在成功进行科技成果评价以来，上创超导的营业收入也实现了从两位数到百万级的突破。目前上创超导正积极开展新生产线的建设工作，进一步扩大产能，提高性价比，为高温超导电缆示范工程、超导电机等提供满足要求的高温超导带材。

结合高温超导不同的应用领域及应用研发的不同阶段，上创超导拟融资 2 亿 ~ 3 亿元，在扩大产能的同时，加快与超导磁体、超导变压器、超导限流器、超导电机等生产企业的合作，加快具体应用装备的研发生产步伐。

第四节　北京普凡防护科技有限公司

一、企业简介

北京普凡防护科技有限公司（以下简称“普凡防护”）成立于 2009

年，是集科研、生产、经营于一体的高科技生产实体。普凡防护自成立以来，一直致力于从事芳纶织物（机织布、无纬布）、防弹衣、防弹头盔、复合防弹板、防爆服、排爆服、搜爆服、防爆毯的设计、开发、生产和服务，产品通过了美国司法协会（NIJ）及国内权威检测中心兵器208研究所、公安部一所的官方认证。

普凡防护专注于高性能纤维防弹制品的研发、生产与销售，是国内个体防护领域内客户首选的供应商，主打产品有芳纶无纬布、防弹衣、防弹头盔等。其中，芳纶无纬布应用自主研发的环保型专用基体，经精密工艺复合制成，产品质轻、柔韧、防弹性能优异、保险系数大，以其为原料制作的防弹衣、防弹头盔等产品不仅通过了国内权威检测中心兵器208研究所、公安部一所的鉴定，而且率先通过了国际权威检测机构——美国怀特实验室的官方认证。

二、科技成果评价诉求及评价结果

随着行业的发展，为了提高企业核心竞争力，强化知识产权的保护，保持行业领先地位，使企业具有更为活跃的市场竞争力，除已获得的高新技术企业和专利试点企业认证外，普凡防护需要更能够体现公司技术资质的评价。科技成果评价是行业公认的权威评价，所得出的专业评价结论公信力强、认可度高，可显著提升科技成果的价值；同时，科技成果评价有利于获得政府和军方的认可，增加公司的竞争实力。因此，为了促进公司科研工作的深化和提高，完成从市场型企业向科技型企业的转化，2015年普凡防护决定将核心的芳纶无纬布产品及其制备技术进行科技成果评价。

普凡防护科技成果评价的项目——高性能芳纶无纬布及其制备工艺，属于国家发展和改革委员会颁布的《国家产业结构调整指导目录（2011年本、2013年修正）》鼓励类第二十项，纺织类中第4条——有机和无机高性能纤维及制品的开发与生产；第三十九项，公共安全与应急产品类中第14条——社会群体个人防护用品开发与应用。项目产品具有密度低、强度高、抗张性能优异；热稳定性好，使用温度较宽，高温时可燃烧；反复拉伸性能好，尺寸稳定性在有机纤维中最佳；对普通有机溶剂、盐类溶液等有较好的耐化学药品性的优势。最突出的是，它具有优良的抗冲击性能，在破裂前可进行某种程度的塑性变形，同时具有沿纵轴撕裂的能力。纵向撕裂不仅可以吸收能量，还可以起到有效的止裂作用，因此被称为第三代复合装甲材料。

该项目具有自主知识产权，实现了规模化生产，项目产品高性能芳纶无纬布弥补了国产芳纶纤维的性能欠佳的不足，加快了国产芳纶的产业化应用，提高了我国防弹产品在国际市场的竞争力，具有良好的社会、经济效益以及创新性，技术达到国内领先水平。

三、科技成果评价效果

通过科技成果评价后，高性能芳纶无纬布产品的市场认可度得到了提高。用其制造的防弹装备，防护性能稳定，具有质量轻、柔软、防护性能优异的特点，为普凡防护带来了良好的口碑，用其所加工生产的防弹衣、防弹头盔、陶瓷复合胸插板、纯纤维防弹板等防弹系列产品，能达到公安部标准、国军标、美国司法协会的 NIJ 标准和欧洲 VPAM 标准的防护要求，受到国内外的一致好评。

此外，2017 年普凡防护产值增长了近一倍，成为国内最大的防弹材料供应商，吸引了很多投资商的注意，科技成果评价更有利于获得投资方的认可，成为获取投资、许可、转让、合作的对成果价值的重要评判依据。

附录Ⅰ　部分成果项目简介

一、真空眼全钢化真空玻璃

项目名称

真空眼全钢化真空玻璃

完成单位简介

河南龙旺钢化真空玻璃有限公司（以下简称“河南龙旺”）成立于2013年，注册资金6250万元，占地约10万平方米，是一家拥有自主知识产权和中国发明专利的创造型、创新型民营企业。主要从事钢化真空玻璃的研发、生产和销售。公司自组建以来，依托京东方科技集团股份有限公司TFT－LCD电子玻璃产业基础，自主创新，攻克了平封口真空玻璃生产的国际难题，开发出成套工艺及制造技术，创造了该产业的奇迹。“平封口钢化真空玻璃的研制与熔封技术开发”项目获中国建筑材料科学技术奖二等奖。

项目简介

对通行产品在保温、隔热、节能性能上从优到劣排序：全钢化真空玻璃>普通真空玻璃>中空玻璃>单层镀膜玻璃>夹层玻璃>单层钢化玻璃≈普通单层玻璃。

全钢化真空玻璃是最有前景的隔热隔音的透明建筑材料，是建筑玻璃中最先进最前沿的代表，具有很高的性价比，也是最具吸引力和应用前景的建筑玻璃产品和当今世界最热门的绿色建材。作为一种多用途的新型透明保温材料，全钢化真空玻璃广泛应用在建筑节能领域的门窗玻璃、阳光房、屋顶、建筑幕墙等处，也常用于冰柜门、电烤箱、酒柜等绿色家电中。

钢化真空玻璃的传热系数比中空玻璃成倍降低，保温性能明显优于中空玻璃，而厚度也成倍减小。严寒和寒冷地区节能墙体的传热系数要求达到0.4~0.6W/（m·k），河南龙旺生产的全钢化真空玻璃的保温性能已经达到0.3W/（m·k），优于墙的保温性能。

龙旺生产的全钢化真空玻璃的性能参数：①钢化真空玻璃破碎后的颗粒数，在40mm×40mm范围内最多达到133粒，达到钢化玻璃国标要求的在40mm×40mm范围内超过40粒的要求。②使用辐射率为0.11的LOW-E玻璃制作的钢化真空玻璃木窗，经国家建材测试中心测试，整窗传热系数为0.72W/m·K，达到被动房<0.8W/m·K的要求。使用辐射率为0.03的LOW-E玻璃制作的钢化真空玻璃中心传热系数K=0.3W/m·K。③耐室内外温差100℃，连续测试385天，玻璃不破损，保温性能保持不变。④经国家建材测试中心测试，抗风压性能达到最高级别的9级。⑤具有真空眼，用户无须额外花费即可随时监测是否漏气。

二、降压、降脂、定眩、定风作用的中药组合物及其制备方法和用途

项目名称

降压、降脂、定眩、定风作用的中药组合物及其制备方法和用途

完成单位简介

陕西汉王药业有限公司（以下简称“汉王药业”）位于素有西北“小江南”之称的陕西省汉中市，这里山清水秀，气候宜人，又是著名的“天然药库”，自古有“秦巴无闲草，遍地皆灵药”之说。相对封闭的地理环境和特殊的气候条件营造出天然良好的生态环境和资源优势，为生产绿色中成药提供了得天独厚的条件。

汉王药业依托秦巴“天然药库”资源优势，以绿色地道药材天麻、山茱萸等为主要原料，开发出了独具特色的“天麻系列产品”和“山

茱萸系列产品”等主导产品。其中天麻系列产品中的“天麻片”连续15年荣获国家银质奖；强力定眩片、舒胆片为公司独家产品、国家中药保护品种，国家中药处方保密品种；山茱萸系列产品主要有六味地黄丸、桂附地黄丸等8个品种。益脑心颗粒、舒胆片、强力定眩片获市科技进步一等奖，六味地黄丸、VC银翘片、天麻酒被评为陕西省优质产品，“汉王”商标被评为中国驰名商标。

项目简介

强力定眩片是汉王药业于1979年会同国内著名的心脑血管专家徐祥麟（国务院津贴获得者）在其30年临床经验方的基础上研制的全国独家品种。至今已有超过35年的生产销售历史。其专利名称为“一种具有降压、降脂、定眩、定风作用的中药组合物的制备方法和用途”，研制了一种用于治疗心脑血管疾病的中药组合物——强力定眩片。作为汉王药业开发、研制的具有自主知识产权的专利产品，该产品具有降压、降脂、定眩之功效。

强力定眩片具有降压、降脂、定眩、定风的独特功能，具有清热平肝、凉血降压等功效。相比同类中药产品，该产品可以克服服用其他中药见效缓慢、疗效不够显著等缺点。因此该产品可广泛用于目前多发的高血压、动脉硬化、高血脂或其并发症的治疗和预防。

三、太阳能电池用背面银导体浆料C－9301

项目名称

太阳能电池用背面银导体浆料C－9301

完成单位简介

西安宏星电子浆料科技有限责任公司（以下简称“宏星浆料”）是在原国营第4310厂电子浆料研究所的基础上，由陕西华经微电子股份有限公司、北京瀚天投资有限公司、自然人共同出资，于2007年2月成立的有限责任公司，注册资金4430万元，是国内最早从事电子浆料研制、生产的单位之一。宏星浆料主导产品有系列电阻浆料、导体浆料、介质浆料、有机浆料及超细电子粉体材料（银、钯、金、铂等）；产品广泛应用于厚膜混合集成电路、电阻网络、半导体器件、片式电阻、电位器、电容器、敏感元件等领域，为航空、航天、兵器、船舶等重点工程配套。

项目简介

太阳能电池用背面银浆作为一款导电银浆，主要通过丝网印刷于多晶硅/单晶硅基片上，进行烘干、烧结后，与单晶硅/多晶硅基体形成良好的紧密接触，形成致密、均匀的导电银层，在电路中起导通作用，同时具备优良的焊接附着力。背面银浆、背面铝浆、正面银浆共同构成电池片制造的核心材料。电池片制成后，通过涂锡焊带焊接起来，以并联或者串联的形式制成组件，太阳能电池组件用于太阳能发电站、屋顶分布式发电、光电农业等行业。

随着国内太阳能浆料技术的日益发展，太阳能电池用背面银浆已经基本实现国产化替代，但是由于国内在银粉生产及玻璃粉研发实力方面与国际大公司还存在一定的差距，因此国产背面银浆普遍存在串联电阻高、逆向电流大、填充因子低等缺点。为了解决此类问题，国内浆料公司一般采取提高银含量或者采用含铅玻璃粉等措施来解决。宏星浆料本项目开发立足于背银无铅无镉化，以相对较低的银含量，通过自主开发高性能无铅玻璃粉，通过使用高烧结活性的银粉来实现背面银浆高导电性、高焊接附着力等特点，使项目产品达到国内领先水平。

四、高速列车基础摩擦材料及制动闸片研究与产业化

项目名称

高速列车基础摩擦材料及制动闸片研究与产业化

完成单位简介

北京天宜上佳新材料股份有限公司（以下简称“天宜上佳”）成立于2009年11月，持续专注于高速列车、动车组、机车车辆、城市轨道交通车辆制动闸片/闸瓦等系列产品的研发、生产和销售，位于北京市

海淀区，注册资金约1亿元。

天宜上佳是动车组闸片国产化第一人，打破进口产品垄断，填补国内技术空白，并迫使进口闸片价格降低50%以上，三年来天宜上佳累计销售动车组闸片50余万片，为铁路运营节约了大量成本，保障了国家铁路运营的战略安全。

项目简介

截至2017年年底，全国铁路营业里程达到12.7万公里，其中高铁2.5万公里，占世界高铁总量的66.3%。动车组上线运营达2522组。目前我国高铁核心零部件实现国产化率只有50%，进口替代空间广阔。

闸片和闸瓦是列车上用于摩擦制动的一个制动部件。列车的车速越高，对闸片材料的性能要求就越严苛。时速300公里以上的高铁列车，列车制动瞬间将其产生的巨大动能通过摩擦转变成热能，刹车片所承受的瞬间温度会达到900℃以上。在这样的高温条件下，传统的铸铁闸片和合成闸片就难以发挥作用，因此粉末冶金刹车材料逐步替代合成材料，成为世界高速列车刹车片主要材料和技术手段。

高速列车基础制动用闸片，是根据能量相等原理，把运行列车的动能转化为制动盘和闸片的热能散发到大气中，从而达到停车或减速的目的，主要应用于时速200~250公里、300~350公里动车组，可适用于高寒、风沙、潮湿等各种工况。

五、Ti_2AlNb高温钛合金板材

项目名称

Ti_2AlNb高温钛合金板材

完成单位简介

北京钢研高纳科技股份有限公司（以下简称“钢研高纳”）成立于2002年11月，由钢铁研究总院高温材料研究所和粉末冶金研究室的主要业务合并组建而成，2009年12月在深圳证券交易所创业板上市（股票代码300034），成为创业板第二批上市企业之一。钢研高纳公司享有

专利技术106项、国家级奖励20项、省部级以上重大科技成果奖108项，在镍基合金成分优化与控制、特种熔炼、冷热变形及大型锻件的整体热处理工艺方面具有雄厚的技术基础。

西部钛业有限责任公司（以下简称“西部钛业”）位于西安市经济技术开发区泾渭工业园，占地近20万平方米，建筑面积近10万平方米，是专业从事钛、锆及其合金加工材研发和生产的高新技术企业，拥有国内外一流的生产装备和检测平台，具有万吨级的稀有金属加工材生产能力，形成了完整的加工产业链，产业规模和技术水平居于国内同行业前三名，钛合金产品规格范围为：Φ360～Φ1100mm的铸锭，（6～400）×≤10 000mm的棒材、单件≤2000kg的锻件、Φ（3～114）×（0.5～14）×≤15 000mm的管材、（4～100mm）×（800～2600mm）×（～12 000mm）的热轧板材、（0.4～3.5mm）×（800～1560mm）×≤6000mm的冷轧板材以及（0.4～2.0mm）×（800～1560mm）内径Φ610mm、外径Φ1200mm的带卷。产品广泛应用于航空、航天、航海、兵器、能源、交通运输、化工、冶金、医疗、体育用品等行业，并远销欧美、日韩、东南亚等国家和地区。

项目简介

高温钛合金兼有比重轻和耐高温的基本特点，是目前国内外高新材料领域中重点研发的以航空航天为主要应用背景的轻质高温结构材料。我国于20世纪70年代开始研制航空发动机用高温钛合金，目前我国航空发动机上获得应用的主要为两相钛合金，工作温度大多在350℃～500℃。我国在航空发动机上使用的工作温度在350℃～450℃的高温钛合金主要有TC4、TC17、TC6，主要应用于发动机工作温度较低的风扇叶片和盘，其中TC6用量较少，主要用于发动机紧固件；500℃左右工作的高温钛合金有TC11、TA15和TA7合金；550℃应用的钛合金有TA12（Ti55）、Ti60、Ti600，应用于叶片、压气机盘和鼓筒等。

我国目前可稳定应用于650℃及以上温度并已进入工程应用最具性能优势的高温钛合金材料为Ti2AlNb的钛铝系金属间化合物，它是一种轻质高温结构材料，具有低密度、高比强度和抗氧化等特点，长时工作温度可达750℃，短时工作温度可达1000℃。其主要用于制造航空、航天领域中各类先进发动机系统的构件，以及飞行器整体结构中的耐热构件。这类材料可满足各类飞行器减重、提高效能的迫切要求，进而有效提升飞行器性能水平，带动航空航天领域的进步与发展。

Ti_2AlNb 高温钛合金板材被视为新一代重点发展的革命性轻质高温结构材料，主要应用于高推重比航空发动机的机匣、整体叶盘、静子叶环和支撑环、燃烧室机匣及涡轮机匣部件，高超声速导弹、高超声速无人飞机及临界速度宇航飞行器机身、翼舵的蒙皮和翼舵框架等高温热端部件，是当前最具发展潜力的高温钛合金材料。

六、工业智能控制 DSP 芯片

项目名称

工业智能控制 DSP 芯片

完成单位简介

西安航天民芯科技有限公司成立于2011年2月，依托雄厚的航天资源和技术优势展开大规模数字集成电路、混合信号集成电路、模拟集成电路的研发和应用方案开发，产品已涵盖空间站、卫星、通信、新能源汽车电子、电力和电网、工业控制等领域。

项目简介

工业智能控制是指通过互联网将相关要素连接起来，不仅生产线和生产设备更加智能化，同时被生产和加工的产品本身也变得智能化，并参与到被生产和制造的流程中来。这既是一个愿景，也是正在实施的渐进过程。这个渐进过程包含了几大要素：更多地实现工厂自动化，各行业间横向和纵向更深入地融合，中央控制向分散智能控制的转变以及大数据的分析。

在工业智能控制这个大的系统中，芯片是整个架构的基础，用来解决联、感、知的基础问题和执行问题。其中，各类传感器芯片对各种信息进行取样采集。DSP 控制芯片用来收集多种传感信息并对其做初步分析和处理，连接各种局域/广域网络，进行数据、指令的收发，根据系统命令对各种设备进行精确控制，等等，可以说 DSP 控制芯片是实现工业智能控制的硬件基石。

工业智能控制的应用场景涉及智能控制、数据处理、网络互联等，这对控制芯片的处理能力、外设配置、内置存储器空间、功耗和成本都提出了更高的要求。32 位工业智能控制 DSP 芯片以其更强的性能和扩展性，更加适应工业智能化的需求。

西安航天民芯科技有限公司开发的基于 55nm 工艺的工业智能控制 DSP 芯片，产品技术水平在国内领先，并达到国外同类芯片的水平，项目技术来源于企业在 32 位工业控制芯片领域以及高性能、高可靠性模拟电路领域多年的技术积累，项目所开发的工业智能控制 DSP 芯片填补了我国在工业控制芯片领域的技术和产品空白，实现了国产化替代。公司开发的系列化工业智能控制 DSP 芯片以及配套的工业控制软件将打破国外厂商在工业控制领域的垄断，支持智能制造、云计算、大数据等发展战略，具有极其广阔的发展前景。

七、可降解锌合金血管支架材料

项目名称

可降解锌合金血管支架材料

完成单位简介

山东瑞安泰医疗技术有限公司

项目简介

可降解支架可分为可降解高分子聚合物支架和可降解金属支架两大类。前者以雅培公司的 BVS（聚乳酸）为代表，产品已在国外上市，国内尚在临床前期研究阶段。目前研究和报道较多的可降解冠脉支架金属材料分别是镁合金和铁合金支架。其中镁合金支架的研究是近年来的热点方向。镁合金主要存在降解速度较快（最快的在 1～2 个月降解，且降解过程快速产生氢气）以及 X 显影不清楚的问题。目前有关锌合金材料的研究多集中于理论研究，与产业化应用尚有差距。

本项目研究血管支架材金属材料的毛细管成型加工技术，并开发完全可降解锌合金支架加工生产工艺，最终形成具有我国自主知识产权的金属毛细管材料生产技术并建立专门的生产线和科技研发平台，逐步形成工业化产品，提升我国医疗器械先进高端材料加工技术水平以及可降解血管支架等医疗器械产品的科技含量和市场竞争力。

附录Ⅱ 2016年国家科学技术进步奖获奖项目目录（通用项目）

序号	编号	项目名称	奖项类型
1	J－236－0－01	第四代移动通信系统（TD－LTE）关键技术与应用	特等奖
2	J－21702－1－01	互联电网动态过程安全防御关键技术及应用	一等奖
3	J－230－1－01	新一代国家时间频率基准的关键技术与应用	一等奖
4	J－223－1－01	前置前驱8挡自动变速器（8AT）研发及产业化	一等奖
5	J－222－1－01	生态节水型灌区建设关键技术及应用	一等奖
6	J－236－1－01	DTMB系统国际化和产业化的关键技术及应用	一等奖
7	J－25201－1－01	航天重大工程的遥感空间信息可信度理论与关键技术	一等奖
8	J－234－1－01	IgA肾病中西医结合证治规律与诊疗关键技术的创研及应用	一等奖
9	J－21701－1－01	北京正负电子对撞机重大改造工程	一等奖
10	J－220－2－03	高安全成套专用控制装置及系统	二等奖
11	J－219－2－02	高动态星敏感器技术与工程应用	二等奖
12	J－220－2－02	高性能光伏发电系统关键控制技术与产业化应用	二等奖
13	J－215－2－02	重型装备大型铸锻件制造技术开发及应用	二等奖
14	J－216－2－04	大功率船用齿轮箱传动与推进系统关键技术研究及应用	二等奖
15	J－214－2－01	超薄信息显示玻璃工业化制备关键技术及成套装备开发	二等奖

续表

序号	编号	项目名称	奖项类型
16	J－214－2－03	高性能玻璃纤维低成本大规模生产技术与成套装备开发	二等奖
17	J－216－2－05	复杂表面热功能结构形貌特征设计与可控制造关键技术	二等奖
18	J－215－2－07	材料海洋环境腐蚀评价与防护技术体系创新及重大工程应用	二等奖
19	J－25202－2－03	煤层瓦斯安全高效抽采关键技术体系及工程应用	二等奖
20	J－213－2－02	大型高效水煤浆气化过程关键技术创新及应用	二等奖
21	J－25202－2－01	急倾斜厚煤层走向长壁综放开采关键理论与技术	二等奖
22	J－25202－2－04	智能煤矿建设关键技术与示范工程	二等奖
23	J－25201－2－01	国家电子政务协同式空间决策服务关键技术与应用	二等奖
24	J－25201－2－04	国家地理信息公共服务平台（天地图）研发与系统建设	二等奖
25	J－221－2－03	城市高密集区大规模地下空间建造关键技术及其集成示范	二等奖
26	J－231－2－01	城市循环经济发展共性技术开发与应用研究	二等奖
27	J－206－2－01	中国机械工业集团科技创新工程	二等奖
28	J－206－2－02	中船集团高端海洋装备科技创新工程	二等奖
29	J－21702－2－02	新能源发电调度运行关键技术及应用	二等奖
30	J－220－2－05	大型风电水电机组低频故障诊断关键技术及应用	二等奖
31	J－21702－2－03	配电网高可靠性供电关键技术及工程应用	二等奖
32	J－21701－2－02	250MW 级整体煤气化联合循环发电关键技术及工程应用	二等奖

续表

序号	编号	项目名称	奖项类型
33	J-21702-2-01	电网大面积污闪事故防治关键技术及工程应用	二等奖
34	J-205-2-02	变压器潜伏性缺陷的油中气体检测技术及应用	二等奖
35	J-219-2-01	用于集成系统和功率管理的多层次系统芯片低功耗设计技术	二等奖
36	J-212-2-02	苎麻生态高效纺织加工关键技术及产业化	二等奖
37	J-212-2-03	干法纺聚酰亚胺纤维制备关键技术及产业化	二等奖
38	J-205-2-03	热轧带钢柱塞式层流冷却系统研发及应用	二等奖
39	J-215-2-04	电弧炉炼钢复合吹炼技术的研究应用	二等奖
40	J-220-2-01	新一代立体视觉关键技术及产业化	二等奖
41	J-220-2-04	网络交易支付系统风险防控关键技术及其应用	二等奖
42	J-211-2-03	造纸与发酵典型废水资源化和超低排放关键技术及应用	二等奖
43	J-231-2-03	国家环境分区—排放总量—环境质量综合管控关键技术与应用	二等奖
44	J-231-2-04	国家环境质量遥感监测体系研究与业务化应用	二等奖
45	J-231-2-02	难降解有机工业废水治理与毒性减排关键技术及装备	二等奖
46	J-231-2-05	三江源区草地生态恢复及可持续管理技术创新和应用	二等奖
47	J-214-2-02	水泥窑高效生态化协同处置固体废弃物成套技术与应用	二等奖
48	J-223-2-01	国家内河高等级航道通航运行系统关键技术及应用	二等奖
49	J-221-2-05	广州塔工程关键技术	二等奖

续表

序号	编号	项目名称	奖项类型
50	J－223－2－04	跨江越海大断面暗挖隧道修建关键技术与应用	二等奖
51	J－221－2－04	深部隧（巷）道破碎软弱围岩稳定性监测控制关键技术及应用	二等奖
52	J－223－2－03	基于耦合动力学的高速铁路接触网/受电弓系统技术创新及应用	二等奖
53	J－222－2－01	高混凝土坝结构安全关键技术研究与实践	二等奖
54	J－221－2－02	大型复杂结构在线混合试验关键技术与应用	二等奖
55	J－221－2－01	大跨空间钢结构关键技术研究与应用	二等奖
56	J－223－2－02	滨海地区粉细砂路基修筑与长期性能保障技术	二等奖
57	J－25201－2－02	航空地球物理勘查技术系统	二等奖
58	J－25201－2－05	大别山东段深部探测与找矿突破	二等奖
59	J－21701－2－01	面向铀矿与环境的核辐射探测关键技术、设备及其应用	二等奖
60	J－203－2－02	针对新传入我国口蹄疫流行毒株的高效疫苗的研制及应用	二等奖
61	J－203－2－04	中国荷斯坦牛基因组选择分子育种技术体系的建立与应用	二等奖
62	J－202－2－01	农林生物质定向转化制备液体燃料多联产关键技术	二等奖
63	J－202－2－02	三种特色木本花卉新品种培育与产业升级关键技术	二等奖
64	J－202－2－03	林木良种细胞工程繁育技术及产业化应用	二等奖
65	J－203－2－03	功能性饲料关键技术研究与开发	二等奖
66	J－203－2－01	我国重大猪病防控技术创新与集成应用	二等奖
67	J－25103－2－02	油料功能脂质高效制备关键技术与产品创制	二等奖
68	J－201－2－02	辣椒骨干亲本创制与新品种选育	二等奖
69	J－25103－2－01	黑茶提质增效关键技术创新与产业化应用	二等奖

续表

序号	编号	项目名称	奖项类型
70	J－25101－2－05	水稻条纹叶枯病和黑条矮缩病灾变规律与绿色防控技术	二等奖
71	J－201－2－03	江西双季超级稻新品种选育与示范推广	二等奖
72	J－25101－2－01	设施蔬菜连作障碍防控关键技术及其应用	二等奖
73	J－25101－2－04	东北地区旱地耕作制度关键技术研究与应用	二等奖
74	J－201－2－01	多抗稳产棉花新品种中棉所49的选育技术及应用	二等奖
75	J－203－2－05	节粮优质抗病黄羽肉鸡新品种培育与应用	二等奖
76	J－25101－2－02	农药高效低风险技术体系创建与应用	二等奖
77	J－25101－2－03	南方低产水稻土改良与地力提升关键技术	二等奖
78	J－25103－2－03	棉花生产全程机械化关键技术及装备的研发应用	二等奖
79	J－211－2－01	果蔬益生菌发酵关键技术与产业化应用	二等奖
80	J－211－2－02	金枪鱼质量保真与精深加工关键技术及产业化	二等奖
81	J－211－2－04	中国葡萄酒产业链关键技术创新与应用	二等奖
82	J－205－2－01	机械化秸秆还田技术与装备	二等奖
83	J－204－2－01	躲不开的食品添加剂——院士、教授告诉你食品添加剂背后的那些事	二等奖
84	J－204－2－02	了解青光眼　战胜青光眼	二等奖
85	J－204－2－03	《全民健康十万个为什么》系列丛书	二等奖
86	J－204－2－04	《变暖的地球》（影片）	二等奖
87	J－216－2－02	钎料无害化与高效钎焊技术及应用	二等奖
88	J－210－2－02	延长油区千万吨大油田持续上产稳产勘探开发关键技术	二等奖
89	J－210－2－03	古老碳酸盐岩勘探理论技术创新与安岳特大型气田重大发现	二等奖

续表

序号	编号	项目名称	奖项类型
90	J-213-2-01	大型乙烯装置成套工艺技术、关键装备与工业应用	二等奖
91	J-210-2-01	南海北部陆缘深水油气地质理论技术创新与勘探重大突破	二等奖
92	J-222-2-02	长距离输水工程水力控制理论与关键技术	二等奖
93	J-221-2-06	高速铁路标准梁桥技术与应用	二等奖
94	J-220-2-06	高性能系列化网络设备研制与应用	二等奖
95	J-25201-2-03	国产陆地卫星定量遥感关键技术及应用	二等奖
96	J-215-2-01	高效低耗特大型高炉关键技术及应用	二等奖
97	J-215-2-05	底吹熔炼—熔融还原—富氧挥发连续炼铅新技术及产业化应用	二等奖
98	J-233-2-01	高危非致残性脑血管病及其防控关键技术与应用	二等奖
99	J-25301-2-01	胰岛素瘤诊治体系的建立及临床应用	二等奖
100	J-25301-2-05	基于肛门功能和性功能保护的直肠癌治疗关键技术创新与推广应用	二等奖
101	J-234-2-01	国际化导向的中药整体质量标准体系创建与应用	二等奖
102	J-234-2-03	益气活血法治疗糖尿病肾病显性蛋白尿的临床与基础研究	二等奖
103	J-234-2-04	中医治疗非小细胞肺癌体系的创建与应用	二等奖
104	J-233-2-03	恶性血液肿瘤关键诊疗技术的创新和推广应用	二等奖
105	J-233-2-02	基于磁共振成像的多模态分子影像与功能影像的研究与应用	二等奖
106	J-234-2-02	中草药 DNA 条形码物种鉴定体系	二等奖
107	J-235-2-02	基因工程小鼠等相关疾病模型研发与应用	二等奖
108	J-25302-2-03	中国严重创伤救治规范的建立与推广	二等奖
109	J-25301-2-02	炎症损伤控制提高肝癌外科疗效的理论创新与技术突破	二等奖

续表

序号	编号	项目名称	奖项类型
110	J－25302－2－01	头面部严重烧伤关键修复技术的创新与应用	二等奖
111	J－25302－2－02	牙体牙髓病防治技术体系的构建与应用	二等奖
112	J－25302－2－04	视网膜疾病基因致病机制研究及防治应用推广	二等奖
113	J－233－2－05	中国脑卒中精准预防策略的转化应用	二等奖
114	J－233－2－04	慢性肾脏病进展的机制和临床防治	二等奖
115	J－233－2－06	结直肠癌个体化治疗策略创新与应用	二等奖
116	J－25301－2－03	主动脉扩张性疾病腔内微创治疗的研究和应用	二等奖
117	J－25301－2－04	心脏病微创外科治疗新技术及临床应用	二等奖
118	J－235－2－01	化学药物晶型关键技术体系的建立与应用	二等奖
119	J－235－2－04	复杂结构天然产物抗肿瘤药物的研发及其产业化	二等奖
120	J－235－2－03	瑞舒伐他汀钙及制剂产业化新制备体系的构建与临床合理应用	二等奖
121	J－213－2－03	阿维菌素的微生物高效合成及其生物制造	二等奖
122	J－215－2－03	铵盐体系白钨绿色冶炼关键技术和装备集成创新及产业化	二等奖
123	J－215－2－06	红土镍矿生产高品位镍铁关键技术与装备开发及应用	二等奖
124	J－25202－2－02	有色金属共伴生硫铁矿资源综合利用关键技术及应用	二等奖
125	J－216－2－01	大型重载机械装备动态设计与制造关键技术及其应用	二等奖
126	J－21702－2－04	大型汽轮发电机组次同步谐振/振荡的控制与保护技术、装备及应用	二等奖
127	J－216－2－03	航天大型复杂结构件特种成套制造装备及工艺	二等奖
128	J－21701－2－03	风电机组关键控制技术自主创新与产业化	二等奖
129	J－212－2－01	支持工业互联网的全自动电脑针织横机装备关键技术及产业化	二等奖

附录Ⅲ 2017年国家科学技术进步奖获奖项目目录（通用项目）

序号	编号	项目名称	奖项类型
1	J－21702－0－01	特高压±800kV直流输电工程	特等奖
2	J－23302－0－01	以防控人感染H7N9禽流感为代表的新发传染病防治体系重大创新和技术突破	特等奖
3	J－213－1－01	煤制油品/烯烃大型现代煤化工成套技术开发及应用	一等奖
4	J－206－1－01	中国电子网络安全与信息化科技创新工程	一等奖
5	J－212－1－01	干喷湿纺千吨级高强/百吨级中模碳纤维产业化关键技术及应用	一等奖
6	J－210－1－01	涪陵大型海相页岩气田高效勘探开发	一等奖
7	J－213－1－02	高效甲醇制烯烃全流程技术	一等奖
8	J－210－1－02	南海高温高压钻完井关键技术及工业化应用	一等奖
9	J－223－1－02	复杂环境下高速铁路无缝线路关键技术及应用	一等奖
10	J－223－1－01	蛟龙号载人潜水器研发与应用	一等奖
11	J－21701－1－01	600MW超临界循环流化床锅炉技术开发、研制与工程示范	一等奖
12	J－21701－2－03	新一代超低排放重型商用柴油机关键技术开发及产业化	二等奖
13	J－216－2－03	高铁列车用高可靠齿轮传动系统	二等奖
14	J－216－2－05	高效切削刀具设计、制备与应用	二等奖
15	J－219－2－01	光网络用光分路器芯片及阵列波导光栅芯片关键技术及产业化	二等奖

续表

序号	编号	项目名称	奖项类型
16	J－220－2－03	密码芯片系统的攻防关键技术研究及应用	二等奖
17	J－236－2－01	新型光纤制备技术及产业化	二等奖
18	J－205－2－02	航空发动机叶片滚轮精密磨削技术	二等奖
19	J－216－2－04	重型压力容器轻量化设计制造关键技术及工程应用	二等奖
20	J－215－2－01	压水堆核电站核岛主设备材料技术研究与应用	二等奖
21	J－213－2－03	锂离子电池核心材料高纯晶体六氟磷酸锂关键技术开发及产业化	二等奖
22	J－211－2－02	高性能纤维纸基功能材料制备共性关键技术及应用	二等奖
23	J－214－2－03	冶金渣大规模替代水泥熟料制备高性能生态胶凝材料技术研发与推广	二等奖
24	J－214－2－01	吸附分离聚合物材料结构调控与产业化应用关键技术	二等奖
25	J－25202－2－02	煤矿深部开采突水动力灾害预测与防治关键技术	二等奖
26	J－25202－2－01	矿山超大功率提升机全系列变频智能控制技术与装备	二等奖
27	J－25202－2－03	煤层气储层开发地质动态评价关键技术与探测装备	二等奖
28	J－25202－2－04	超大规模微细粒复杂难选红磁混合铁矿选矿技术开发及工业化应用	二等奖
29	J－25201－2－01	国家海岛礁测绘重大关键技术与应用	二等奖
30	J－25201－2－03	全球30米地表覆盖遥感制图关键技术与产品研发	二等奖
31	J－25201－2－02	航空航天遥感影像摄影测量网格处理关键技术与应用	二等奖
32	J－236－2－03	高精度高可靠定位导航技术与应用	二等奖
33	J－21702－2－03	特大型交直流电网技术创新及其在国家西电东送中的应用	二等奖

续表

序号	编号	项目名称	奖项类型
34	J-21702-2-02	大规模风电联网高效规划与脱网防御关键技术及应用	二等奖
35	J-21702-2-01	支撑大电网安全高效运行的负荷建模关键技术与应用	二等奖
36	J-205-2-01	电能表智能化计量检定技术与应用	二等奖
37	J-230-2-02	气动元件关键共性检测技术及标准体系	二等奖
38	J-212-2-01	工业排放烟气用聚四氟乙烯基过滤材料关键技术及产业化	二等奖
39	J-215-2-02	热轧板带钢新一代控轧控冷技术及应用	二等奖
40	J-223-2-03	新一代交流传动快速客运电力机车研究与应用	二等奖
41	J-231-2-01	填埋场地下水污染系统防控与强化修复关键技术及应用	二等奖
42	J-231-2-02	流域水环境重金属污染风险防控理论技术与应用	二等奖
43	J-231-2-03	膜集成城镇污水深度净化技术与工程应用	二等奖
44	J-21701-2-01	气液固凝并吸收抑制低温腐蚀的烟气深度冷却技术及应用	二等奖
45	J-231-2-05	危险废物回转式多段热解焚烧及污染物协同控制关键技术	二等奖
46	J-231-2-06	嵌套网格空气质量预报模式（NAQPMS）自主研制与应用	二等奖
47	J-222-2-02	泥沙、核素、温排水耦合输移关键技术及在沿海核电工程中应用	二等奖
48	J-222-2-01	锦屏二级超深埋特大引水隧洞发电工程关键技术	二等奖
49	J-214-2-02	建筑玻璃服役风险检测和可靠性评价关键技术与设备及应用	二等奖
50	J-230-2-01	超痕量物质精密测量关键技术及应用	二等奖
51	J-230-2-04	我国检疫性有害生物国境防御技术体系与标准	二等奖
52	J-219-2-02	工业智能超声检测理论与应用关键技术	二等奖

续表

序号	编号	项目名称	奖项类型
53	J－211－2－03	食品和饮水安全快速检测、评估和控制技术创新及应用	二等奖
54	J－22101－2－02	超高层建筑钢骨高强混凝土结构体系抗震关键技术及其应用	二等奖
55	J－22101－2－01	工业建筑抗震关键技术研究与应用	二等奖
56	J－22102－2－04	新一代运载火箭力学试验与发射测试厂房建造关键技术	二等奖
57	J－22102－2－02	山区大跨度悬索桥设计与施工技术创新及应用	二等奖
58	J－223－2－02	深水板桩码头新结构关键技术研究与应用	二等奖
59	J－223－2－04	季冻区高速公路抗冻耐久及生态保护关键技术	二等奖
60	J－25201－2－04	全国危机矿山接替资源勘查理论创新与找矿重大突破	二等奖
61	J－25201－2－05	空间高动态卫星精密定位及其综合测试理论与关键技术及重大应用	二等奖
62	J－201－2－03	寒地早粳稻优质高产多抗龙粳新品种选育及应用	二等奖
63	J－251－2－03	高光效低能耗 LED 智能植物工厂关键技术及系统集成	二等奖
64	J－211－2－05	两百种重要危害因子单克隆抗体制备及食品安全快速检测技术与应用	二等奖
65	J－251－2－07	大型智能化饲料加工装备的创制及产业化	二等奖
66	J－202－2－01	基于木材细胞修饰的材质改良与功能化关键技术	二等奖
67	J－202－2－02	竹林生态系统碳汇监测与增汇减排关键技术及应用	二等奖
68	J－202－2－03	中国松材线虫病流行规律与防控新技术	二等奖
69	J－203－2－03	民猪优异种质特性遗传机制、新品种培育及产业化	二等奖
70	J－201－2－04	花生抗黄曲霉优质高产品种的培育与应用	二等奖
71	J－201－2－02	早熟优质多抗马铃薯新品种选育与应用	二等奖

续表

序号	编号	项目名称	奖项类型
72	J－201－2－05	食用菌种质资源鉴定评价技术与广适性品种选育	二等奖
73	J－201－2－06	中国野生稻种质资源保护与创新利用	二等奖
74	J－251－2－04	全国农田氮磷面源污染监测技术体系创建与应用	二等奖
75	J－201－2－01	多抗广适高产稳产小麦新品种山农20及其选育技术	二等奖
76	J－251－2－01	花生机械化播种与收获关键技术及装备	二等奖
77	J－203－2－02	青藏高原特色牧草种质资源挖掘与育种应用	二等奖
78	J－251－2－05	番茄加工产业化关键技术创新与应用	二等奖
79	J－251－2－06	作物多样性控制病虫害关键技术及应用	二等奖
80	J－211－2－01	干坚果贮藏与加工保质关键技术及产业化	二等奖
81	J－211－2－04	鱿鱼贮藏加工与质量安全控制关键技术及应用	二等奖
82	J－230－2－03	干旱环境下土遗址保护关键技术研发与应用	二等奖
83	J－223－2－01	低能耗插电式混合动力乘用车关键技术及其产业化	二等奖
84	J－204－2－04	《肾脏病科普丛书》	二等奖
85	J－204－2－02	《阿优》的科普动画创新与跨媒体传播	二等奖
86	J－204－2－05	《数学传奇——那些难以企及的人物》	二等奖
87	J－204－2－01	《湿地北京》	二等奖
88	J－204－2－03	“科学家带你去探险”系列丛书	二等奖
89	J－220－2－02	税务大数据计算与服务关键技术及其应用	二等奖
90	J－220－2－04	复杂路网条件下高速铁路列控系统互操作和可靠运用关键技术及应用	二等奖
91	J－213－2－02	提高轻油收率的深度延迟焦化技术	二等奖
92	J－210－2－01	三元复合驱大幅度提高原油采收率技术及工业化应用	二等奖
93	J－213－2－01	高汽油收率低碳排放系列催化裂化催化剂工业应用	二等奖

续表

序号	编号	项目名称	奖项类型
94	J－222－2－03	中国节水型社会建设理论、技术与实践	二等奖
95	J－251－2－02	大型灌溉排水泵站更新改造关键技术及应用	二等奖
96	J－22101－2－03	城市大型地下结构抗震设计理论与方法及工程应用	二等奖
97	J－22102－2－03	高速铁路狮子洋水下隧道工程成套技术	二等奖
98	J－220－2－01	面向互联网开放环境的重要信息系统安全保障关键技术研究及应用	二等奖
99	J－236－2－02	大规模接入汇聚体系技术及成套装备	二等奖
100	J－215－2－03	高效节能环保烧结技术及装备的研发与应用	二等奖
101	J－253－2－05	配子胚胎发育研究与生育力改善新方法的应用	二等奖
102	J－235－2－02	艾滋病诊断、治疗和预防产品的评价关键技术建立与推广应用	二等奖
103	J－234－2－04	神经根型颈椎病中医综合方案与手法评价系统	二等奖
104	J－23302－2－01	红斑狼疮诊治策略及其关键技术的创新与应用	二等奖
105	J－203－2－01	重要食源性人兽共患病原菌的传播生态规律及其防控技术	二等奖
106	J－253－2－06	外科术式改变脑血流的基础与临床创新	二等奖
107	J－253－2－07	骨质疏松性椎体骨折微创治疗体系的建立及应用	二等奖
108	J－23301－2－03	肺癌精准放射治疗关键技术研究与临床应用	二等奖
109	J－23302－2－02	疟疾、血吸虫病等重大寄生虫病防治关键技术的建立及其应用	二等奖
110	J－235－2－03	大血管覆膜支架系列产品关键技术开发及大规模产业化	二等奖
111	J－23301－2－04	内分泌肿瘤发病机制新发现与临床诊治技术的建立和应用	二等奖
112	J－253－2－02	脑胶质瘤诊疗关键技术创新与推广应用	二等奖
113	J－234－2－02	寰枢椎脱位中西医结合治疗技术体系的创建与临床应用	二等奖

续表

序号	编号	项目名称	奖项类型
114	J－23301－2－01	单倍型相合造血干细胞移植的关键技术建立及推广应用	二等奖
115	J－23301－2－02	肺癌分子靶向精准治疗模式的建立与推广应用	二等奖
116	J－253－2－01	肝移植新技术——脾窝异位辅助性肝移植的建立与应用	二等奖
117	J－253－2－03	胃癌综合防治体系关键技术的创建及其应用	二等奖
118	J－23301－2－05	缺血性脑卒中防治的新策略与新技术及推广应用	二等奖
119	J－253－2－04	免疫性高致盲眼病发生的创新理论、防治及应用	二等奖
120	J－216－2－02	药剂高效分装成套装备及产业化	二等奖
121	J－234－2－03	中药和天然药物的三萜及其皂苷成分研究与应用	二等奖
122	J－235－2－01	坎地沙坦酯原料与制剂关键技术体系构建及产业化	二等奖
123	J－234－2－01	中药大品种三七综合开发的关键技术创建与产业化应用	二等奖
124	J－231－2－04	高铝粉煤灰提取氧化铝多联产技术开发与产业示范	二等奖
125	J－215－2－04	高强高导铜合金关键制备加工技术开发及应用	二等奖
126	J－215－2－05	球形金属粉末雾化制备技术及产业化	二等奖
127	J－216－2－01	高性能数控系统关键技术及产业化	二等奖
128	J－22102－2－01	超深等厚度水泥土搅拌墙成套施工装备与技术研发及应用	二等奖
129	J－21701－2－02	强电磁环境下复杂电信号的光电式测量装备及产业化	二等奖

参考文献

[1] 吕志英．科技成果的界定及知识产权保护［J］．南京林业大学学报：人文社会科学版，2007，（4）．

[2] 敬培胜，赵先柱，黄国琼，等．国外科技成果转化对策研究［J］．科技成果纵横，2008，（3）．

[3] 易红郡．美国高等院校技术转移的成功经验初探［J］．比较教育研究，2002，23（2）．

[4] 谭凯．对我国现行科技成果鉴定制度的思考及政策建议——从“汉芯”造假事件谈起［J］．科技进步与对策，2008，（4）．

[5] 科学技术成果鉴定办法［EB/OL］．

[6] 科技成果鉴定之解析［EB/OL］. http：//www. sohu. com/a/128259179_ 466951，2017 -03 -08.

[7] 张星明．科技成果鉴定及其改革的研究［A］. 2003.

[8] 顾海兵，王宝艳．中国科技成果评审制度研究［J］．复旦教育论坛，2004，（4）．

[9] 程桂枝，唐五湘．我国科技成果鉴定制度改革设想［J］．北京信息科技大学学报：自然科学版，2001，（1）．

[10] 金彪，杜忍让，宋宇轩，等．科技成果鉴定中存在的问题及对策［J］．西北农林科技大学学报：社会科学版，2006，（5）．

[11] 第三方专业科技成果评价机构迎来重大发展机遇［EB/OL］. http：//finance. huanqiu. com/roll/2016 - 08/9364793. html，2016 - 08 -26.

[12] 程桂枝. 科技成果鉴定问题研究 [A]. 2001.

[13] 程桂枝，唐五湘. 我国科技成果鉴定问题探讨 [J]. 北京机械工业学院学报，2000，(4).

[14] 杨玲，宋元. 国外科技成果评价方式对我国的启示 [J]. 科技成果管理与研究，2011，(2).

[15] 解磊，周进生. 国内外科技成果评估现状及趋向 [J]. 科技资讯，2008，(35).

[16] 陈芳，胡喆. 科技成果鉴定办法废止评价将由市场“唱主角”[N]. 中国财经报，2017-02-23.

[17] 马鲁豫，岳林明，刘岩，等. 关于科技成果评价体系改革的探讨 [J]. 科技成果纵横，2007，(4).

[18] 胡万明. 如何成功实现科技成果产业化 [EB/OL]. https://wenku.baidu.com/view/166e56c887c24028905fc3db.html.

[19] 徐国兴，贾中华. 科技成果转化和技术转移的比较及其政策含义 [J]. 中国发展，2010，(3).

[20] 黄敏. 科技成果转化运行模式研究 [A]，2016.

[21] 李晓慧. 美国促进科技成果转化的政策 [J]. 科技导报，2016，(23).

[22] 赵中建，卓泽林. 美高校科研成果转化如何跨越“死亡之谷”[N]. 科技日报，2015-4-29.

[23] 王志刚. 十二届全国人大常委会专题讲座第二十六讲——促进科技成果转化 [EB/OL]. http://www.npc.gov.cn/npc/xinwen/2016-12/26/content_2005215.htm，2016-12-26.

[24] 李文卉. OTL 模式的魅力——来自斯坦福大学的科技转化经验 [J]. 支点，2017，(11).

后　记

面对经济全球化竞争的挑战，世界各国竞相将科技创新作为国家战略。科技成果转化，是科学技术发挥第一生产力作用、提升产业竞争力的关键，对我国经济转型发展具有特别重要的意义。科技成果评价是科技成果转化的重要环节，为了让更多的企业意识到进行科技成果评价的重要性及现实意义，推动科技成果转化为现实生产力，我们着手编著此书。

本书的出版不仅凝聚着所有编委会人员的心血和智慧，也得益于曹春晓院士、陈弘毅教授、赵铎总裁等来自学术科研、科技管理、投资等领域的专家们对我们的信任与支持，为本书的撰写提出了非常宝贵的意见和建议，在此表示衷心的感谢。同时，也十分感谢威海万丰镁业科技发展有限公司、湖南中锂新材料有限公司、上海上创超导科技有限公司、北京普凡防护科技有限公司等诸多企业对科技成果评价工作重要性的认可，并将科技成果评价的效果及经验在本书中进行分享。此外，衷心感谢企业管理出版社为本书的及时出版提供的大力帮助。

由于时间有限、水平有限，本书难免有欠妥和疏漏之处，恳请广大读者见谅并提出宝贵意见和建议。通过本书，期望有更多企业、有志之士了解科技成果评价，促进科技成果转化，加快科技成果产业化，从而提升我国科技创新竞争力，推动经济转型发展，为将我国早日建成世界科技强国贡献力量。

编委会

2018 年 11 月